W0333334

ars vivendi

Jan und Thilo Castner

Der Ausflugs-Verführer Weinfranken

Ein ars vivendi Freizeitführer

Bildnachweis: Fotolyse/Fotolia.de: S. 135, 167; franziskus46/Fotolia.de: S. 129; Gruenberg/Fotolia.de: S. 47; Henry Czauderna/Fotolia.de: S. 178; Inga Nielsen/Fotolia.de: S. 140; Jan Castner: S. 18, 24, 29, 35; lebkuchen53/Fotolia.de: S. 120; spiber.de/shutterstock.com: S. 75; Thilo Castner: S. 53, 59, 63, 70, 81, 89, 93, 99, 105, 111, 115, 124, 146, 153, 159; traveldia/Fotolia.de: S. 13; Udo Kruse/Fotolia.de: S. 41; Volker Rauch/shutterstock.com: S. 172

Vierte, überarbeitete und aktualisierte Auflage September 2014

www.arsvivendi.com

Lektorat: Dagmar Tränkle
Lithografie: Reprostudio Harald Schmidt, Nürnberg
Satz: Christine Richert, www.typoholica.de
Karten: Ingenieurbüro Dieter Ohnmacht, Frittlingen
Umschlaggestaltung: ars vivendi verlag unter Verwendung eines Fotos von © age fotostock / LOOK-foto
Druck: Druckerei Florjancic
Printed in Slovenia

ISBN 978-3-89716-515-1

Inhalt

Vorwort

Der Weinanbau hat in Franken schon immer eine große Rolle gespielt, spätestens seit der Schenkungsurkunde von Karl dem Großen an die Abtei Fulda, die damit im Jahre 777 acht Weinberge am Saalecker Berg bei Hammelburg erhielt. So beginnt die Geschichte des fränkischen Weinbaus vor über 1 200 Jahren. Diese war lange eng mit den Klöstern verbunden, vor allem die Mönche sorgten für die Verbreitung der Rebkultur. Im Mittelalter, wie Ado Kraemer in seinem *Bocksbeutelbuch* angibt, muss das Frankenland »ein einziger Weingarten am Main, an der Tauber, an Saale, Wern und Sinn, vom Fichtelgebirge bis über den Spessart, vom Steigerwald bis zur Rhön« gewesen sein. Auch in und um Nürnberg wurde von Schniegling über Johannis bis nach Laufamholz bis ins 16. Jahrhundert Wein angebaut.

Während dieser Hochblüte soll die Weinanbaufläche in Franken 40 000 Hektar betragen haben und war damit sechs bis sieben Mal größer als heute. Entsprechend hoch war auch der Weinkonsum, der sich, so Heinrich Höllerl und Alfred Schmitt in ihrem *Neuen Buch vom Frankenwein,* in den Weingegenden pro Tag und Kopf der Bevölkerung auf fünf Maß zu je 1,22 Liter belief. Doch ist dazu natürlich anzumerken, dass der Alkoholanteil des Weins damals nur zwischen zwei und vier Prozent lag und Wein fast ausschließlich deshalb getrunken wurde, weil das Brunnenwasser vielfach ungenießbar war.

Die schlimmen Folgen des Bauernkriegs, der Markgräflerkriege und des 30-jährigen Kriegs ließen die Anbaufläche erheblich schrumpfen. Auch die Konkurrenz eingeführter Weine sowie von Tee und Kaffee kam hinzu. Im 19. Jahrhundert schließlich führten die Säkularisation der Klöster, Missernten, pflanzliche und tierische Schädlinge, die Auswirkungen der Industrialisierung und der Siegeszug des Bieres zu weiteren Einbrüchen. Der absolute Tiefpunkt nach den zwei Weltkriegen wurde erst durch die Gründung zahlreicher Winzergenossenschaften, durch Weinbergsflurbereinigungen und durch die Einsicht, dass nicht Quantität, sondern allein Qualität entscheidend ist, weitgehend überwunden. Die fränkischen Rebflächen machen gegenwärtig rund 6 300 Hektar aus, und die hier erzeugten Weine zählen seitdem zu den besten weltweit. In den

7 000 fränkischen Winzerbetrieben werden pro Jahr rund 50 Millionen Liter Traubenmost verarbeitet.

Anliegen dieses Ausflugs-Verführers ist natürlich in erster Linie, Wander- und Naturfreunde für die herrliche Landschaft an Main und Saale, zwischen Steigerwald und Spessart zu begeistern und außerdem für die hier im Laufe der Jahrhunderte von Menschenhand geschaffenen Kulturgüter, seien es Burgen, Schlösser, Kirchen, Klöster, Bürgerhäuser, Winzerhöfe oder ganze Städte. Dabei wird aber auch immer etwas über den Wein erzählt, der auf der jeweils durchwanderten Gegend wächst. Wir ergänzen zudem jeden Ausflug mit einer kurzen Weinempfehlung und haben dabei darauf geachtet, nur exquisite und preiswerte Kabinettweine, aber keine Aus- oder Spätlesen vorzustellen.

Von Luther stammt die Erkenntnis, das Bier sei von den Menschen, der Wein von Gott, und Joseph Victor von Scheffel widmete in seinem *Frankenlied* den heimischen Weinen die zweite Strophe:

Bald hebt sich auch das Herbsten an,
Die Kelter harrt des Weines.
Der Winzer Schutzherr Kilian
Beschert uns etwas Feines.

Möge unser Büchlein dazu beitragen, dass viele Leser während eines gelungenen Ausflugs in Weinfranken die vielfältigen Gaben des fränkischen Schutzpatrons ausgiebig genießen können.

Jan und Thilo Castner

1 Von Königs Gnaden

Tour: Rundwanderweg von Hammelburg über Schloss Saaleck, anschließend Stadtrundgang in Hammelburg.
Länge: Ca. 6 km.
Dauer: Ca. 2 Std.
Höhenunterschied: 130 m.
Markierungen: Auf dem Rundwanderweg nur stellenweise vorhanden (vgl. Text), in Hammelburg Wegweiser mit grün-rotem Schriftzug: Von Broterwerb und Weingenuss.
Familie: Trotz eines steilen Aufstiegs für Kinder ab 12 Jahren gut möglich.
Saison: Ganzjährig möglich.
Anfahrt: *Kfz:* Die A7 Würzburg–Kassel bis zur Ausfahrt Hammelburg. Der Bundesstraße B 287 um Hammelburg herum folgen bis zur Ausfahrt Hammelburg-West, dort der Beschilderung bis zum gebührenfreien Parkplatz »Bleichrasen« vor dem Kellereischloss folgen. *ÖPNV:* Bahnhof Hammelburg, von dort kurzer Fußweg bis zum »Bleichrasen«.

Ein Ausflug zu Frankens ältester Weinstadt

An der Grenze zwischen Spessart und Rhön liegt die Stadt Hammelburg, die nördlichste und älteste Weinstadt Frankens. 716 zum ersten Mal urkundlich als »Hamulo Castellum« erwähnt, wird ihre weitere Geschichte vor allem durch eine Schenkungsurkunde des Frankenkönigs und späteren Kaisers Karl der Große bestimmt. Dieser nämlich übereignete hierin 777 das Kastell nebst Feldern, Wiesen, Wäldern und acht Weinbergen dem Kloster Fulda, wodurch der hiesige Weinbau unter kirchlichen Segen gestellt wurde und zugleich eine Art »Geburtsschein« des fränkischen Weinbaus entstand. In den folgenden Jahren kamen entlang der Saale rund um die Stadt weitere Weinberge an den steilen Muschelkalkhängen hinzu.

Schloss Saaleck

Schon vom Parkplatz aus hat man das erste große Ziel des Ausflugs deutlich vor Augen: Majestätisch erhebt sich die Burg Saaleck, eine ehemalige fuldische Amtsburg, auf einem nach drei Seiten steil abfallenden Bergsporn gegenüber der Stadt. Wir müssen zunächst ein kurzes Stück an der Straße entlang und überqueren die Saale, ehe wir linker Hand auf einen gut befestigten Fußweg gelangen. Diesem folgen wir knapp zehn Minuten, passieren dabei eine Bogenschießanlage und überqueren schließlich die nahe gelegene Autostraße an einer Ampel. Als Wegweiser dienen uns zwei Markierungen, die den Fränkischen Marienweg bzw. etwas später den Karolingerweg anzeigen. Nach der Ampel kommen wir in den Wald und leicht bergauf, vorbei an der sogenannten Siebenschläfer-Kapelle, zum Franziskanerkloster Altstadt aus dem 17. Jahrhundert, das eines der schönsten Beispiele fuldischen Barocks ist. Wenn wir die recht imposanten Klostermauern erreicht haben, biegen wir nach links ab und umgehen diese, wobei wir dem Kreuzweg folgen, der 1733 rund um das Kloster bis zum Schloss hinauf angelegt wurde und zu den schönsten und eindrucksvollsten

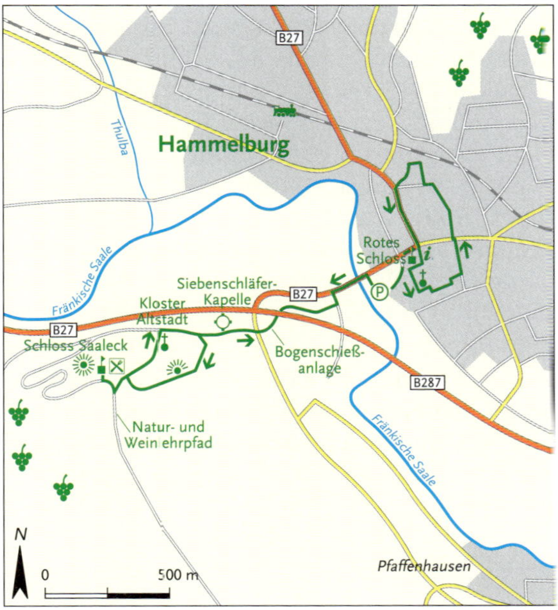

in ganz Bayern gehört. Hier, neben dem Kloster, beginnt auch ein knapp sechs Kilometer langer Natur- und Weinlehrpfad, der auf Bild- und Informationstafeln allerlei Wissenswertes über Fauna und Flora sowie Geologie und Geschichte des Hammelburger Saaletals und des hiesigen Weinbaus vermittelt. Für uns beginnt nun ein steiler Aufstieg auf einem Kiesweg, doch die malerische Umgebung – links am Waldrand die einzelnen Kreuzwegstationen, rechts die Klosteranlagen – und ein schöner Ausblick ins Saaletal mildern die Strapazen, die Gott sei Dank aber auch nicht allzu lange andauern. Schließlich erreichen wir den Kalvarienberg und wenig später den Burghof des Schlosses Saaleck.

Historische Weinkellerei

Die eindrucksvolle Befestigung macht deutlich, welche Aufgabe die Anlage hatte: Schutz der südlichen Grenzen des Hochstifts. Die ältesten Teile des Schlosses stammen aus dem 12. Jahrhundert. Vom Bergfried aus, dem ehemaligen Gefängnisturm und ältesten Abschnitt der gesamten Anlage, hat man bei guter Sicht einen herrlichen Blick über das Saaletal bis hinein in die Rhön. Nach der Säkularisation ging das Schloss zunächst an den bayerischen Staat und Mitte des 19. Jahrhunderts dann in Privatbesitz über. 1964 wurde das Schloss mit dem dazugehörigen Weinbaubetrieb schließlich in städtischen Besitz übernommen. Die Anbaufläche der Städtischen Weinkellerei beträgt heute rund 25 Hektar, wobei der größte Teil auf klassische Weißweine wie Müller-Thurgau, Silvaner und Bacchus entfällt. Aber seit einigen Jahren ist man auch mit Rotweinreben von Domina, Spätburgunder, Schwarzriesling und Dornfelder erfolgreich. Zugute kommt dem Wein neben außerordentlichen klimatischen Bedingungen – die Temperaturen um Hammelburg liegen über dem fränkischen Durchschnitt – auch der muschelkalkhaltige Boden. Zwar sind die Erträge niedriger als anderswo, dafür aber ist der Wein gehaltvoller und ausdrucksstärker.

Das Restaurant im Inneren der Burg, das auf eine lange Tradition zurückblicken kann – bereits Götz von Berlichingen zählte zu den Gästen –, gilt heute als eines der besten in Deutschland, wovon auch Erwähnungen im *Gault Millau* oder *Savoir-Vivre* zeugen. Die Betreiber legen großen Wert auf die Verbundenheit mit der Region und beziehen deshalb ihre

Das Rote Schloss in Hammelburg, einst Sommerresidenz der Fuldaer Fürstäbte

Zutaten für ihre »Neue Fränkische Küche« aus der näheren Umgebung, das Gemüse gar aus dem nahe gelegenen Klostergarten.

Der Rückweg nach Hammelburg gestaltet sich einfach und schnell: Wir gehen zurück zum Kalvarienberg, dann steigen wir links die Treppen hinab und befinden uns im Nu neben den Gebäuden der Bayerischen Musikakademie, die unmittelbar neben dem Kloster Altstadt liegen. Wir halten uns rechts und stoßen nach etwa 100 Metern wieder auf den Weg, auf dem wir hergekommen sind, sodass die Orientierung bis nach Hammelburg nicht schwer fallen dürfte.

Die Hammelburger Altstadtrunde

In der Altstadt von Hammelburg beginnt Teil zwei unserer Unternehmung. Unmittelbar vor dem sogenannten »Roten Schloss«, dem Kellereischloss, das 1726 bis 1731 entstand und als Sommerresidenz der Fürstäbte diente, weist ein Schild den Weg zur Altstadtrunde, die am Marktplatz beginnt. Sie bietet unter dem Motto »Von Broterwerb und Weingenuss« einen unterhaltsamen und abwechslungsreichen Rundgang durch die Stadt und zeigt anhand zahlreicher Informationstafeln die tiefe und vielfältige Verbundenheit des Ortes mit dem Wein. Wir passieren auf unserem etwa anderthalbstündigen Rundgang alle relevanten Bauten der Stadt wie das Rathaus im neugotischen Stil, diverse Stadtkirchen, Teile der erhaltenen Stadtbefestigung und das Stadtmuseum Herrenmühle, das eine Dauerausstellung zum Thema »Brot und Wein« beherbergt. Auf eine Wegzehrung der besonderen Art sei noch verwiesen, denn bekanntlich macht Spazieren an der frischen Luft selbst nach einem opulenten Mahl bald wieder hungrig: Der Bäckermeister Walter Emmert erfand auf Anregung ansässiger Winzer in den 1960er-Jahren als Beigabe zum Wein den sogenannten Dätscher, ein mit Kümmel gewürztes Sauerteiggebäck, das jedoch auch »trocken« mundet.

Weiter führt uns die Runde vorbei an zahlreichen örtlichen Winzerbetrieben. Besonders empfohlen sei hierbei der *Städtische Winzerkeller Hammelburg*, vor dem die Altstadtrunde praktischerweise endet, gibt es hier doch die Saalecker Weine käuflich zu erwerben.

Weinempfehlung

Besonders empfehlenswert für den Weinkenner ist zweifelsohne der trockene Silvaner Hammelburger Heroldsberg, der vielfach prämiert wurde (zuletzt 2009 beim Internationalen Silvaner-Wettbewerb) und durch seine Frische und seinen Säuregehalt zu überzeugen weiß. Er wird ausgeschenkt im *Restaurant Schloss Saaleck* und ist zu kaufen im *Städtischen Winzerkeller Hammelburg*.

Jan Castner

Informationen:

Tourist-Information Hammelburg, Kirchgasse 4, 97762 Hammelburg, Tel. 0 97 32/90 24 30, www.hammelburg.de

Bäckerei Emmert, Dalbergstr. 81, 97762 Hammelburg, Tel. 0 97 32/24 75, Mo–Fr 6.30–18.00, Sa 6.00–12.00.

Einkehrtipps:

Weingut Schloss Saaleck, Am Marktplatz 1, 97762 Hammelburg, Tel. 0 97 32/7 88 74 50, www.weingut-schloss-saaleck.de, Vinothek Mo–Fr 9.00–13.00 und 14.00–18.00, Sa 9.00–14.00, Jun–Okt zusätzlich So 11.00–16.00.

Restaurant Schloss Saaleck, Saaleckstr. 1, 97762 Hammelburg, Tel. 0 97 32/20 20, www.burgsaaleck.de, Di–Sa 10.00–24.00, So 10.00–17.00.

Winzerkeller Hammelburg, im Roten Schloss, Kirchgasse 4, 97762 Hammelburg, Tel. 0 97 32/35 70, www.winzerkeller-hammelburg.de, Mo–Fr 9.00–17.00, Sa bis 13.00.

Extra:

Am zweiten Jul-Wochenende findet auf dem Hammelburger Marktplatz das städtische Weinfest statt.

Buchtipp:

Karl Brandler: *Kleiner Führer. Kunstdenkmäler von Hammelburg und seinen Stadtteilen*, Hammelburg 1977.

Karte:

Fritsch Wanderkarte 1:50 000, Naturpark Rhön, Südblatt.

2 Wein und Wald

Tour: Rundwanderweg an der Schweinfurter Peterstirn.
Länge: Etwa 8 km.
Dauer: Etwa 3 Std.
Höhenunterschied: 100 m.
Markierungen: Ab dem Parkplatz Mainleite ein schwarzes Reh auf weißem Viereck.
Familie: Leicht zu bewältigen für Kinder ab 8 Jahren.
Saison: Saisonunabhängig, am lohnendsten jedoch im Frühjahr und Herbst.
Anfahrt: *Kfz:* Auf der A70 bis Ausfahrt Schonungen, dann auf der B26 über Schonungen weiter bis Schweinfurt. Dort bei der ersten Möglichkeit rechts in die Babenberger Straße abbiegen und der Beschilderung nach rechts ins Höllental folgen. Neben der *Gaststätte Zur Hölle* parken. *ÖPNV:* Bahnhof Schweinfurt, von dort mit dem Bus bis zur Haltestelle Mainberger Straße, von dort der Beschilderung folgen.

Treppauf zur einzigen Schweinfurter Weinlage

Gleich hinter dem schönen Biergarten der *Gaststätte Zur Hölle,* deren Schrecken einflößender Name im Gegensatz zu ihrer schönen Lage steht, führt eine steile Treppe zur Peterstirn hinauf. Oben angekommen, sind es rechts nur wenige Meter bis zum imposanten Tor des *Weingutes Dahms,* wo zweimal im Jahr Weinfeste in den Weinbergen stattfinden. Das Weingut mit Stammsitz im nahen Sennfeld, das unter anderem an der Peterstirn und am Schonunger Schlossberg eine reiche Palette an Rot- und Weißweinen anbaut, ist heute der einzige Schweinfurter Winzerbetrieb. Das war früher ganz anders: »Die Statt Schweinfurt ligt an dem Mayn, ist ein Reichstatt, fast mitten im Frankenland, an eim fruchtbaren ort von weinwachß, gutem ackerbauw, wysen und holtz«, berichtete etwa der Humanist Johannes Sinapius im 16. Jahrhundert. Das wussten die damals hier ansässigen 75 Häcker und 21 Büttner weidlich zu nutzen und so nimmt es nicht wunder, dass um Schweinfurt herum das größte zusammenhängende Weinbaugebiet Frankens entstand. Die Wurzeln des hiesigen Weinbaus reichen gar ins 8. Jahrhundert zurück. Das belegt eine Urkunde des elsässischen Klosters Weißenburg über Weinberge bei »Suuinfurtero marcu«, weshalb Schweinfurt als eine der ältesten fränkischen Weinstädte gilt.

Heutzutage ist die Stadt das Zentrum der europäischen Wälzlagerindustrie und trotz konjunktureller Krisen nach wie vor eine der bedeutendsten Industriestädte Bayerns. Der Weinbau dagegen ist bis auf zehn Hektar Rebfläche des *Winzerbetriebs Dahms* zum Erliegen gekommen.

Wir aber wollen uns des hiesigen Weinbaus erinnern und wenigstens ein Stück auf seinen Pfaden wandern.

Die Mainleite entlang

Dazu steigen wir entlang der Straße etwa 20 Minuten bergauf, bis wir, nun schon im Wald, an den Parkplatz Mainleite gelangen. Unterwegs empfiehlt es sich, den rechter Hand etwas versteckt liegenden Aussichtsturm zu besuchen. Von dort hat man einen herrlichen Blick über die Weinberge der Peterstirn, den Main und die nähere und fernere Umgebung. Dabei vergisst man ganz, dass man sich in nächster Nähe einer Industriestadt befindet.

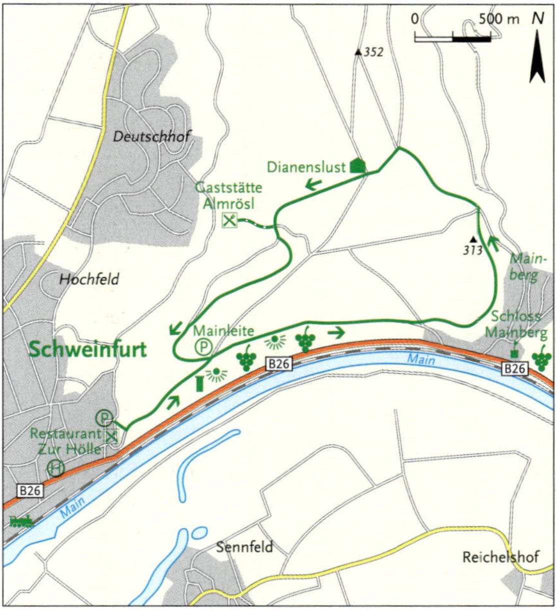

Blick auf Schloss Mainberg aus dem 13. Jahrhundert

Auf dem Parkplatz angekommen, orientieren wir uns an unserem künftigen Wegweiser, einem aparten Reh, und folgen diesem weiter entlang an letzten Wohnhäusern und Gärten der Oberen Mainleite. Immer wieder kann man durch Büsche und Bäume hindurch einen Blick auf das malerische Maintal werfen. Die unterhalb des Weges liegenden Weinberge freilich lassen sich meist nur erahnen. Schließlich ist auf der gegenüberliegenden Bergseite das wunderschöne Schloss Mainberg aus dem 13. Jahrhundert zu erkennen, in dessen Umgebung die Weinlage Schlossberg gedeiht.

Natürliche Waldidylle

Wir verlassen nun den Höhenweg über dem Main und biegen links ab in den Wald. Schon nach wenigen Schritten in einer natürlichen Allee von Bäumen fühlt man sich fernab der Welt und in purer Natur. Der Weg, mal breit, mal schmal, führt durch Mischwälder und erlaubt, da kaum Unterholz die Sicht einschränkt, weite Blicke in den Wald hinein. Stellenweise geht es über befestigte Kieswege oder enge Trampelpfade, die parallel zu diesen Waldstraßen verlaufen. Die Orientierung fällt jedenfalls nicht schwer, auch wenn die Beschilderung nicht immer auf Anhieb zu finden ist.

Eine nette Gelegenheit zu einem kurzen Päuschen bietet sich nach etwa fünf Kilometern an der nach der römischen Jagdgöttin benannten Dianenslust, einem Jagdhäuschen mitten im Wald. Es wurde 1824 zum 25-jährigen Herrschaftsjubiläum des bayerischen Herzogs und späteren Königs Max Joseph I. errichtet.

Für die ganz Hungrigen und Durstigen empfiehlt sich ein gutes Viertelstündchen später die *Gaststätte Almrösl* mit Biergarten, die mit Hausmannskost und Brotzeiten aufwartet. Dazu muss man an einer Kreuzung in der Nähe des Waldrandes kurz den Kurs verlassen, nach rechts abbiegen und etwa 100 Meter weiter gehen.

Endspurt am Höllental

Ob mit oder ohne Pause – unser Weg führt nun geradeaus in die Nähe des Höllentals. Auch wenn der Name schaurig anmutet, der schmale Weg durch den dichten Wald, die dahinter liegenden Wiesen und der Vogelgesang stimmen das Wandererherz froh und man kann unbeschwert die Natur genießen. Stellenweise läuft man oberhalb eines Abhangs, dann führt der Weg hin und wieder ein Stück bergab, stets ist aber ein gemütliches und angenehmes Vorwärtskommen möglich. Schließlich stoßen wir wieder auf den Parkplatz Mainleite und marschieren den bereits bekannten Weg an der Peterstirn zurück bis zur Treppe, die uns zur *Gaststätte Zur Hölle* führt. Dort können wir uns dann mit fränkischen und internationalen Speisen stärken, ehe wir der sehenswerten Schweinfurter Innenstadt oder dem Museum Georg Schäfer mit der bedeutendsten Privatsammlung der Kunst des 19. Jahrhunderts im deutschsprachigen Raum einen Besuch abstatten.

Weinempfehlung

Empfehlenswert ist ein halbtrockener, fruchtiger und aromatischer Rotling aus der nahen Weinlage Mainberger Schlossberg der Winzerfamilie Dahms, den auch die *Gaststätte Zur Hölle* ausschenkt.

Jan Castner

Informationen:

Tourist-Information Schweinfurt, im Rathaus, Markt 1, 97421 Schweinfurt, Tel. 0 97 21/51 36 00, www.schweinfurt360.de

Museum Georg Schäfer, Brückenstr. 20, 97421 Schweinfurt, Tel. 0 97 21/51 48 20, www.museumgeorgschaefer.de, Di–So 10.00–17.00, Do 10.00–21.00, Mo geschlossen (außer an Fei).

Einkehrtipps:

Weingut Dahms, An der Peterstirn 4, 97422 Schweinfurt, Weinverkauf August-Borsig-Str. 8, 97526 Sennfeld, Tel. 0 97 21/6 91 23, www.weingut-dahms.de, Weinverkauf Mo–Fr 8.00–17.00, Sa 9.00–13.00.

Gaststätte Almrösl, Am Bramberg 1, 97422 Schweinfurt, Tel. 0 97 21/3 13 42, www.almroesl-schweinfurt.de, Mo–Sa ab 11.00, So und Fei ab 10.00.

Wirtshaus-Biergarten Zur Hölle, Höllental 28, 97422 Schweinfurt, Tel. 0 97 21/4 76 55 99, www.hoelle-schweinfurt.de, Di und Fr ab 16.00, Mi–Do und Sa–So ab 11.00.

Extras:

Das *Weingut Dahms* bietet neben den oben erwähnten Weinfesten im Mai und am dritten Jul-Wochenende auch ganzjährig Weinproben an.

Auf dem Schweinfurter Marktplatz findet in der zweiten Sep-Woche ein Weinfest statt.

Karte:

Fritsch Freizeitkarte 1:50 000, Nr. 87, Landkreis Schweinfurt.

Körbe, Sand und Wein 3

Tour: Leichter Fahrradrundweg von Haßfurt über Zell am Ebersberg und Sand am Main.
Länge: Insgesamt 30 km.
Dauer: Reine Fahrzeit etwa 2 1/2 Std.
Höhenunterschied: 20 m.
Markierungen: Grünes Fahrrad auf weißem Grund, daneben die Routenmarkierung R16; bei Umweg über Zeil am Main bis Augsfeld gleiches Motiv, aber mit Markierung »MR« (=Maintalradwanderweg).
Familie: Möglich für Kinder ab 10 Jahren.
Saison: Das ganze Jahr über möglich.
Anfahrt: *Kfz:* Von Schweinfurt auf der A70 kommend bis Ausfahrt Haßfurt, von Bamberg aus bis zur Ausfahrt Knetzgau. Von dort jeweils über die B26 nach Haßfurt hinein und in der Stadt der Beschilderung bis zum Parkplatz Gries direkt am Mainufer folgen. *ÖPNV:* Bahnhof Haßfurt, von dort in die Altstadt bis zur Mainbrücke.

Vom Haßfurter Mainufer in den Steigerwald

In Haßfurt biegen wir zunächst vom Parkplatz des Ortes aus rechts ab und überqueren die Brücke über den Main. Der Lage an Frankens mächtigem Fluss verdankt die Stadt ihren Namen, denn die erste urkundliche Erwähnung aus dem Jahr 1230, nämlich »hasefurthe«, macht der Legende nach deutlich, wie flach der Main hier stellenweise war.

An einem Sportplatz vorbei geht es dann in Richtung Westheim auf einem gut ausgebauten Radweg neben der Landstraße, der von Apfelbäumen gesäumt ist. Und sofort ist man mitten in der Natur und mag kaum glauben, dass man geradewegs aus der Stadt kommt. Zunächst passieren wir Mariaburghausen, ein ehemaliges Zisterzienserkloster und seit 1582 Gutsbetrieb der Universität Würzburg, ehe wir nach rechts abbiegen und eine längere Steigung durch einen Wald nehmen. Danach rollt das Rad wie von selbst ins Örtchen Hainert, das man durchquert und in Richtung Westheim wieder verlässt. Weiden, Äcker und Apfelbäume säumen den Weg, der munter auf und ab führt, ohne allerdings den passionierten Gelegenheitsradler übermäßig anzustrengen. In Westheim angekommen, biegen wir in der Ortsmitte bei einem Marterl links ab. Hinter einem Sportgelände stoßen wir auf einen gut ausgebauten Flurbereinigungsweg, der bis nach Zell am Ebersberg führt. Durch Wiesen und Felder geht es mit Aussicht auf die Haßberge links und den Steigerwald rechts vor uns.

Imposante Steillagen in Zell am Ebersberg

Erst allmählich kann man nach einigen kleineren Steigungen des Weges die ersten Weinberge erahnen. Doch je näher wir Zell am Ebersberg kommen, umso beeindruckender wird der Blick auf den Ort, dessen steil ansteigende Rebhänge einen besonderen Anblick bieten. In flotter Fahrt geht es schließlich die letzte Abfahrt hinunter und in den Ort hinein. Dort machen die zahlreichen Winzerbetriebe, Weinstuben und Häckerwirtschaften schnell deutlich, dass der Wein hier zu Hause ist. Fast unmittelbar vor den Weinbergen biegen wir links auf die Hauptstraße ab. Am Ortsende geht es dann rechts auf einem Radweg neben der Kreisstraße an Weinbergen entlang in Richtung Sand am Main, unserem Pausenort.

Korbmacher- und Winzerstadt Sand am Main

Ursprünglich hat der Ort seinen Namen von der gleichnamigen Bodenbeschaffenheit, doch bekannt wurde er durch seine Korbmacher und Winzer. Der jährlich zwei Wochen vor Ostern abgehaltene Korb- und Weinmarkt erinnert auch heute noch daran. Während aber die Korbmacherei nach dem Zweiten Weltkrieg deutlich zurückging, nahm der Weinbau in den letzten 30 Jahren deutlich an Bedeutung zu. Heute gibt es hier rund 40 Winzer, die in den Lagen Kronberg und Himmelsbühl Weinbau betreiben. Beide gehören zur Großlage Zeiler Kapellenberg am Südhang des Hermannsberges. Neben den weißen Sorten Müller-Thurgau, Silvaner, Bacchus, Kerner und Scheurebe werden auch die Rotweine Portugieser, Domina und Schwarzriesling angebaut.

Da die Stadt zudem inmitten einer herrlichen Fluss- und Seenlandschaft am Rande der Haßberge und des Steigerwaldes liegt, preisen sie die Stadtväter gerne als von »Wein, Wald und Wasser« geprägt: ein Motto, dem sich der Besucher nur anschließen kann.

Wir fahren nun in den Ort hinein, biegen nach rechts in die Hauptstraße und gelangen so zum *Hotel-Weingut Goger*, wo uns in der wunderschön getäfelten Gaststube erstklassige fränkische Küche erwartet. Auch die hierorts auf sechs Hektar selbst angebauten Weine sind vom Feinsten, angefangen von den gängigen weißen bis hin zu den roten Sorten Portugieser, Schwarzriesling, Dornfelder und Regent.

Abstecher nach Zeil am Main

Wohlgenährt geht's kurz hinter dem Lokal nach links ab, vorbei an Kirchplatz und Rathaus, entlang dem Naturschutzgebiet Altmain in Richtung Zeil am Main.

Schon von Weitem hat man einen herrlichen Blick auf die Stadt und vor allem auf die Weinberge jenseits des Mains, die man auf den Spuren des Silvaner-Abtes Alberich Degen durchwandern kann (siehe Tour 4).

Jenseits der großen Mainbrücke kann der emsige Ausflügler dann je nach Gusto entscheiden, ob er noch einen kleinen

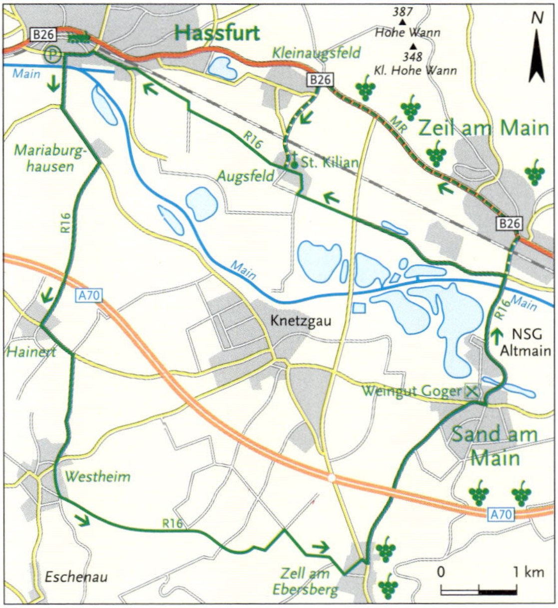

Die Steilhänge in Zell am Ebersberg

Abstecher über den sehenswerten mittelalterlichen Marktplatz des Fachwerkstädtchens Zeil am Main machen möchte. Falls ja, fährt er geradeaus weiter und biegt auf der Hauptstraße in Zeil nach links ab. Der Weg führt durch das imposante Stadttor dann wieder hinaus und neben der B 26 an Weingütern und -bergen entlang Richtung Haßfurt. Bei der Abzweigung nach Augsfeld verlässt man den Radweg nach links und stößt im Ort auf denselben Weg, den die eiligeren Radler genommen haben. Die nämlich sind bei der Ampel an der Mainbrücke nach links abgebogen und über eine Umgehungsstraße und die anschließende Fahrt durch die sogenannte »Au« ebenfalls bis Augsfeld gekommen. Die dortige Rokoko-Dorfkirche St. Kilian eignet sich dabei bestens als Treffpunkt, falls sich die mitfahrenden Parteien getrennt haben sollten.

Zurück nach Haßfurt

Die letzten Kilometer geradeaus nach Haßfurt genießen wir den Anblick der Landschaft. In Haßfurt biegen wir nach links in den Ziegelbrunn ab. So gelangen wir zum städtischen Hafen und schließlich unter der Mainbrücke hindurch wieder zum Parkplatz. Wer noch immer nicht genug hat, kann von dort aus noch einen Blick in die schöne Altstadt mit dem malerischen Marktplatz werfen und die Stadtpfarrkirche mit Figuren von

Tilman Riemenschneider bewundern. Auch die spätgotische Ritterkapelle mit der einmaligen Sammlung von 276 Wappen ist einen Besuch wert, ehe man sich wieder auf den Heimweg macht.

Weinempfehlung

Ein trockener Bacchus der Lage Sander Kronberg hat es mir mit seinem fruchtigen Geschmack besonders angetan. Ihn erhält man direkt beim Erzeuger im *Hotel-Weingut Goger* in Sand am Main.

Jan Castner

Informationen:

Tourist-Information Haßfurt, Bahnhofstr. 2, 97437 Haßfurt, Tel. 0 95 21/68 82 27, www.hassfurt.de

Fremdenverkehrsbüro Sand am Main, Kirchplatz 2, 97522 Sand a. M., Tel. 0 95 24/82 22 26, www.sand-am-main.de

Einkehrtipp:

Hotel-Weingut Goger, Hauptstr. 28, 97522 Sand a. M., Tel. 0 95 24/2 27, www.hotel-weingut-goger.de, Restaurant Fr–Mo 11.00–23.00, Weinverkauf Mo–Sa 8.00–19.00.

Extras:

Die Gemeinde Sand am Main lädt am zweiten Jul-Wochenende zum Weinfest am Altmain ein. www.altmain-weinfest.de

In Haßfurt finden im Jul das Meefest am Main (www.hassfurter-meefest.de) und am ersten Okt-Wochenende ein großes Straßenfest statt.

In Zeil am Main feiern am ersten Aug-Wochenende Zehntausende von Besuchern in der historischen Altstadt rund um den Marktplatz ein großes Weinfest. www.zeiler-weinfest.de

Karte:

Fritsch Wanderkarte 1:50 000, Nr. 89 Naturpark Haßberge.

4 Der fränkische Silvaner-Abt

Tour: Mittelschwerer Rundwanderweg auf dem Abt-Degen-Steig bei Zeil am Main.
Länge: Ca. 9 km.
Dauer: Reine Gehzeit ca. 3 Std.
Höhenunterschied: Ca. 140 m.
Markierungen: Nahezu durchgängig grünes Bocksbeutel-Emblem auf weißem Grund.
Familie: Für Kinder ab 10 Jahren geeignet. Bis auf den Eselssteig sind alle Wegstrecken auch für Kinderwagen möglich.
Saison: Das ganze Jahr über, am besten aber zwischen Frühjahr und Herbst.
Variante: Die Winzertreppe spart den Weg über Steinbach.
Anfahrt: *Kfz:* Auf der A70 von Schweinfurt kommend Ausfahrt Knetzgau, aus Richtung Bamberg Ausfahrt Eltmann, dann jeweils weiter auf der B26 bis Zeil am Main. *ÖPNV:* Bahnhof Zeil am Main, von dort über die Bahnhofstraße nach rechts über die B26 die Schmachtenbergstraße hinauf bis zum Parkplatz.

Die Heimat des Alberich Degen

Die Stadt Zeil am Main liegt an den südlichen Ausläufern der waldreichen Haßberge und damit an der Grenze von Bier- zu Weinfranken. Sie ist Weinfreunden wohl vor allem wegen ihres seit 1985 stets am ersten Augustwochenende stattfindenden Weinfestes ein Begriff. Zehntausende von Besuchern aus nah und fern finden sich hierbei rund um den historischen Marktplatz ein, der als einer der schönsten fränkischen Kleinstadtmärkte gilt, und genießen die zahlreichen Weinsorten aus Zeil und Umgebung. Denn Weinbau hat hier Tradition: Seit 1018 wird er hier betrieben.

Um nun des Mannes zu gedenken, der den Frankenwein schlechthin, den Silvaner, als einer der ersten einführte, wurde ihm zu Ehren der Abt-Degen-Steig benannt, der, je nach Geschmack und Konstitution, bis zu 25 Kilometer durch die Heimat jenes weinkundigen Kirchenmannes führt.

Johann Caspar Degen wurde 1625 in Zeil geboren und nach einem Theologiestudium in Würzburg als Alberich I. schließlich 42. Abt des Zisterzienserklosters in Ebrach. Aufgrund seiner zahlreichen Kontakte mit anderen Klöstern lernte er die aus Österreich stammende Silvanerrebe kennen und führte diese schließlich 1665 in weiten Teilen Frankens ein. Weitgehend unbekannt ist, dass die Rebe wenige Jahre vorher bereits in Castell heimisch geworden war (siehe Tour 8). Auch in Zeil ist diese Rebsorte, die hohe Anforderungen an ihren Standort stellt, stark vertreten. Außerdem werden in der Großlage Zeiler Kapellenberg Müller-Thurgau, Riesling, Bacchus, Kerner, Scheurebe sowie Weißburgunder und einige Rotweine (Schwarzriesling, Domina und Spätburgunder) angebaut.

Die Landschaft zwischen Haßbergen und Steigerwald

Wir beginnen unseren Rundweg am Parkplatz auf der Anhöhe über dem Zeiler Stadtteil Schmachtenberg, zu dem von der Bundesstraße B26 ein unübersehbarer Wegweiser die Schmachtenbergstraße hinaufführt.

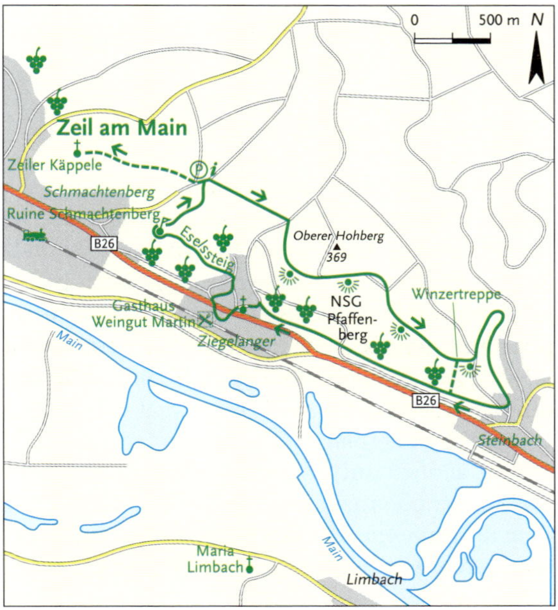

Dort schlagen wir den mit dem Bocksbeutelmotiv gekennzeichneten, befestigten Höhenweg ein, der an Äckern und Wiesen entlang in Richtung Steinbach führt. Nach ca. zehn Minuten folgen wir dem Bocksbeutelzeichen zunächst nach rechts und kurz darauf nach links und marschieren über den Oberen Hohberg, der die »gewaltige« Höhe von 369 Metern aufweist. Immer wieder laden Bänke zum Verweilen an Plätzen ein, die wunderschöne Ausblicke über das nahe gelegene Maintal bieten. Die auf der anderen Flussseite liegende Barockkirche Maria Limbach oder bei guter Sicht gar die Bischofsstadt Bamberg sind nur zwei der schönsten Aussichtsobjekte für den Wanderer. Weiter geht es auf unserem Höhenweg entlang dem Naturschutzgebiet Pfaffenberg oberhalb der Weinberge, die aber vorerst nur zu erahnen sind.

Eine erste Möglichkeit diese direkt zu sehen, ergibt sich nach einer guten Stunde Fußmarsch an der sogenannten Winzertreppe, die inmitten des Naturschutzgebietes nach rechts in die malerisch gelegenen Weinberge führt. Doch Vorsicht ist geboten, da die Stufen steil und abschüssig sind. Ungefährlicher ist der normale Weg, der an der Winzertreppe vorbeiführt, aber auch einen 30 Minuten längeren Fußmarsch bergauf und bergab bis nach Steinbach bedeutet. Kurz vor dem Ort schließlich geht es steil nach rechts hinauf in Richtung Nonnenberg, der östlichsten fränkischen Weinlage.

Einblicke in den traditionellen Weinbau

Dieses Anbaugebiet um Steinbach ist ein anerkanntes Denkmal der Weinkultur, an dem bereits vor 1 000 Jahren Mönche des Bamberger Klosters Michaelsberg Weinbau betrieben. Hier sind in den oberen Hängen die historisch typisch fischgrätenartig angelegten, terrassenförmigen Trockenmauern erhalten geblieben, während die unteren im Zuge maschinell zu bewirtschaftender Anbaumethoden nach dem Zweiten Weltkrieg modernisiert wurden.

Im Folgenden ist es nun immer wieder möglich, auf Treppen, u. a. auch auf der schon genannten Winzertreppe, in die Weinberge hineinzusteigen und die Aussicht zu genießen. Zudem informieren eine Reihe von Tafeln über die Geschichte und die Bedeutung des ansässigen Weinbaus. So nähern wir uns schließlich nach einer guten Stunde Wegstrecke ab Steinbach

Ein Winzerhäuschen auf dem Weinberg bei Ziegelanger

der nächsten Weinlage rund um Zeil, dem Ölschnabel, und damit auch dem Ort der Einkehr, unserem Gasthaustipp. Die sicherlich mit Appetit oder gar Heißhunger ersehnte Lokalität findet sich, wenn man schnurstracks dem Bocksbeutelemblem in den Zeiler Vorort Ziegelanger folgt. Dann an der Kirche nur noch einmal nach links in die Bergstraße abgebogen und zur Hauptstraße, der B 26, gelaufen. Dort geht's rechts entlang und nach wenigen Metern sieht man schon auf der anderen Straßenseite das Ziel allen Sehnens und Hoffens: die *Martinsklause* mit angeschlossenem Weingut, Weinkellerei und Weinterrasse.

Auf Schusters Rappen den »Eselssteig« hinauf

Nachdem man dort mit fränkischen oder internationalen Spezialitäten für sein leibliches Wohl gesorgt hat, kehrt man über den Steinhauerweg ins Ortsinnere zurück und begibt sich über die Bergstraße und den nach links abzweigenden Wedberg auf den wieder in die Weinberge führenden Eselssteig. Dass dieser Name mit Bedacht gewählt wurde, wird schnell klar, denn hier geht es bald recht steil durch wildromantische Natur und Waldbestand, bisweilen auf engen Treppenstufen zurück auf die Anhöhe und in Richtung der Burgruine Schmachtenberg. Jetzt ist erst mal Durchschnaufen angesagt, denn die zurückliegende halbe Stunde Wegstrecke hat dem Wanderer doch einiges an

Anstrengung abverlangt. Man stößt schließlich auf die Ruine Schmachtenberg, den ehemaligen Sitz des Bamberg-bischöflichen Amtmannes. Die Anlage wurde im 16. Jahrhundert zerstört und ist seitdem weitestgehend verfallen. Gerade für Kinder ist sie freilich eine um so bessere Gelegenheit für Versteckspiele und Erkundigungen. Nach einem kurzen Bogen zurück trennen uns nur noch wenige hundert Meter von unserem Parkplatz.

Ein besinnliches Ende der Wanderung verspricht ein abschließender kurzer Abstecher zum berühmten Zeiler Käppele, das einen Kilometer vom Parkplatz entfernt liegt und auch mit dem Auto erreicht werden kann. Unter dem damaligen Zeiler Pfarrer Karl Link wurde von 1894 bis 1897 dieses »Fränkische Lourdes« erbaut, das sich über den Dächern der Stadt Zeil auf dem Kapellenberg erhebt und bis heute ein berühmter Wallfahrtsort ist.

Auf der Rückfahrt den Berg hinunter ist kurz hinter dem Schloss Schmachtenberg auf der linken Seite noch eine kleine Abfahrt in den Weinberg auszumachen. Dort finden Unermüdliche eine Gedenk- und Informationstafel über den Mitbegründer des fränkischen Silvaner-Anbaus und Namenspatron unseres Weges.

Weinempfehlung

Welcher Wein bei dieser Wanderung nur in Frage kommen kann, liegt auf der Hand: Es muss eingedenk des Abtes Degen ein Silvaner sein. Wir entscheiden uns aus dem verlockenden Angebot des *Weinguts Martin* für den feinherben und frischen Ziegelanger Ölschnabel Kabinett, der so herrlich nach Kornäpfeln duftet.

Jan Castner

Informationen:

Tourist-Information Zeil am Main, »Grohehäuschen«, Marktplatz 5, 97475 Zeil a. M., Tel. 0 95 24/9 49 37, www.zeil-am-main.de, Apr–Okt Fr 12.00–18.00, Sa 10.00–16.00, So und Fei 10.00–13.00.

Einkehrtipp:

Weingut Martin & Weinstube Martinsklause, Ziegelanger 6, 97475 Zeil a. M., Tel. 0 95 24/54 22, www.weingut-martinsklause.de, Restaurant Mi–Fr 11.30–14.00 und 17.00–22.00, Sa–So 11.00–22.00.

Extra:

Außer dem bereits angesprochenen alljährlichen Zeiler Weinfest am erste Aug-Wochenende finden im Mai Weinwandertage auf dem Abt-Degen-Steig statt.

Karte:

Fritsch Wanderkarte 1:50 000, Nr. 89, Naturpark Haßberge.

5 Weinselige Bierstadt

Tour: Mittelschwere Rundwanderung durch die oberfränkische Bischofsstadt Bamberg.
Länge: Ca. 6 km.
Dauer: Reine Gehzeit etwa 2 Std.
Höhenunterschied: 100 m.
Familie: Für Kinder ab 10 Jahren geeignet.
Saison: Das ganze Jahr über.
Anfahrt: *Kfz:* A73 Ausfahrt Bamberg-Süd, Richtung Zentrum, am Schönleinsplatz links die Hainstraße hinauf bis zum Parkplatz Hainbad. *ÖPNV:* Bahnhof Bamberg, von dort mit dem Bus zum ZOB, von dort 10 Minuten über den Schönleinsplatz die Hainstraße hinauf und zum Hainbad.

Bamberg, die ehemalige Weinstadt

Die fränkische Bischofsstadt mit ihren neun Brauereien und der weltweit höchsten Brauereidichte im Umland hat auch eine »weinselige« Vergangenheit, die selbst Kennern der Stadt Neues bieten kann.

Wir beginnen unsere »Tour de Vin« am Parkplatz des Bootshauses und des Hainbades im Theresienhain und gehen flussabwärts Richtung Innenstadt. Nach dem Spaziergang durch eine herrliche Allee überqueren wir an einer ehemaligen Walkmühle den Fluss und befinden uns damit auf dem sogenannten Mühlwörth. Auf der gegenüberliegenden Uferseite sind schon von Weitem das barocke Wasserschloss Concordia und das gleichnamige internationale Künstlerhaus »Villa Concordia« zu sehen: ein Anblick, den jeder Reiseführer schwärmerisch erwähnt.

Um uns auf unserem weiteren Weg in den verwirrende Straßen und Gässchen der schönen Bischofsstadt zurechtzufinden, die seit 1993 zum Weltkulturerbe zählt, empfiehlt sich dringend ein Stadtplan. Den bekommen wir, indem wir rechts vor dem alten Schleusenwärterhäuschen abbiegen und einem alten Treidelpfad unter der Nonnenbrücke folgen, bis linkerhand das prächtige Gebäude der Tourismusinformation auftaucht, das wir durch den Hintereingang betreten. Vorne geht's dann wieder hinaus und via Bischofsmühlbrücke über den linken Regnitzarm, ehe wir nach links in die Judenstraße abbiegen. Vorbei an einem der schönsten Barockhäuser Deutschlands, dem Böttingerhaus, steigen wir sodann den Stephansberg hinauf, wobei alle Anstrengungen angesichts des herrlichen Ausblicks gar nicht weiter ins Gewicht fallen.

Durch die Hölle zu Dom und Michaelsberg

Nachdem wir die Stephanskirche hinter uns gelassen haben, biegen wir schließlich nach rechts in die Untere Seelgasse ab. Die führt wieder bergab an schönen großen Gärten entlang bis in die »Hölle«, eine stille und anmutige Umgebung, die so gar nicht zu ihrem Namen passt. Schließlich erreichen wir den Kaulberger Schulplatz und wenden uns nach rechts bergab. Nach ca. 50 Metern weist auf der linken Straßenseite ein unscheinbares Schild den Weg zum Dom, den wir nach ein paar Treppen erreichen. Seine zahllosen Kunstschätze, die seit der Bamberger Bistumsgründung 1007 durch Kaiser Heinrich II. zusammengetragen wurden, sollten wir uns nicht entgehen lassen.

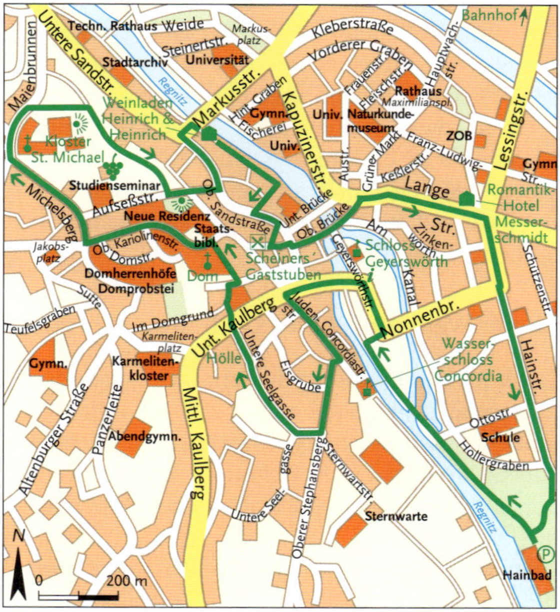

Wir überqueren den Domplatz und passieren dabei die Alte Hofhaltung und die fürstbischöfliche Neue Residenz, die von Leonhard Dientzenhofer zwischen 1697 und 1703 erbaut wurde. Dabei ist zumindest ein kurzer Abstecher in den von Balthasar Neumann entworfenen Rosengarten zu empfehlen, der außer 4500 Rosen einen herrlichen Ausblick auf das gegenüberliegende Kloster St. Michael, unser nächstes Ziel, bietet. Über die Obere Karolinenstraße am Erzbischöflichen Palais entlang führt unser Weg durch den sogenannten Torschuster, wie die Einfahrt zum Domplatz von den Bambergern genannt wird. Gleich danach folgen wir einem Hinweisschild die Michaelsbergstraße hinab in Richtung des ehemaligen Benediktinerklosters und passieren dabei eine Station des ältesten deutschen Kreuzwegs.

Kloster St. Michael

Auf dem längeren Anstieg den Michaelsberg hinauf treffen wir rechts bei der Hausnummer 8 a auf einen Schnaps- und Spezialitätenladen, der neben einigen fränkischen Weinen auch selbst hergestellte Obst- und fränkische Tresterbrände anbietet. Zwar hat der Laden nur samstags von 10 bis 16 Uhr geöffnet, doch in »Notfällen« ist der Besitzer, Herr Keilholz, im Haus Nummer 21 zu erreichen, stets darum besorgt, seine Kunden mit erlesenem Hochprozentigem zu versorgen.

Wenn dann endlich nach schweißtreibendem Aufstieg der Michaelsberg erklommen ist, besteht die Möglichkeit, diese wunderschöne Klosteranlage zu besichtigen, die 1015 gegründet und nach einem Brand 1610 im nachgotischen Stil wieder aufgebaut wurde.

Neuer Wein am »Alten Graben«

Doch wir wollen weiterhin dem hiesigen Weinbau auf die Spur kommen. Deshalb gehen wir links um die Anlage herum und genießen das herrliche Panorama von Bamberg. Hinter dem Kloster und dem *Café-Restaurant Michaelsberg*, das u. a. mit diversen fränkischen Weinen zu einer Ruhepause einlädt, bietet sich neben einem großen weißen Holzkreuz ein imposanter Ausblick. Denn hier, gegenüber dem Domberg an der Südseite des Michaelsbergs, befand sich der klösterliche Weinberg der

Blick vom Hofgarten der Neuen Residenz auf Kloster St. Michael

Lage Alter Graben, der ab etwa 1130 bis ins 19. Jahrhundert durstige Mönchskehlen löschen half.

Danach ging es bergab mit dem Weinanbau in Bamberg, wobei die Gründe dafür vielfältig waren: schwere Unwetter, die die Weinhänge abtrugen, der sehr herbe Geschmack des hiesigen Weines und vor allem Steuererleichterungen, die die Fürstbischöfe auf Hopfenbau gewährten. Fortan suchten die Weinbauern ihr Auskommen beim Gerstensaft, und aus Bamberg wurde eine Bierstadt.

Im Jahr 2009 allerdings wurden im Zuge der Vorbereitungen für die Landesgartenschau 2012 am Alten Graben wieder Weinstöcke angepflanzt, um an die weinselige Tradition Bambergs zu erinnern. Das *Weingut Bauerschmitt* aus Ziegelanger bei Zeil am Main betreibt seitdem den einzigen Weinberg inmitten der Bamberger Altstadt, den man nach Voranmeldung besichtigen und dessen Erträge man verkosten kann.

In weiterer Entfernung sieht man die Altenburg auf Bambergs höchstem Hügel, wo jahrhundertelang Wein angebaut wurde. Hier gibt es heute noch einige unentwegte Privatleute, die ebenfalls ein paar Weinstöcke besitzen.

Wir steigen neben besagtem Kreuz die Treppen bergab in Richtung Innenstadt und können dabei die Überreste eines terrassenförmig angelegten Barockgartens aus dem 18. Jahrhundert in Augenschein nehmen, der nie fertig gestellt wurde und erst seit kurzem wieder kultiviert wird. Weiter geht es entlang am Weinberg und Streuobstwiesen, die hier seit Mitte des 19. Jahrhunderts gedeihen.

Weinangebote in der Sandstraße

Der Abstieg endet etwas abrupt vor den gewaltigen Mauern der Dombergbefestigung in der Aufseßstraße, die wir nach links bergab laufen, bis wir auf eine Toreinfahrt stoßen. Gleich dahinter führen einige schmale Treppen den Grünhundsbrunnen hinab und münden schließlich in eine kleine Straße, die in die Obere Sandstraße führt. Wenn wir uns rechts halten, stoßen wir nach wenigen Metern auf eine berühmte Bamberger Institution: die *Weinstube Carlo Pizzini*.

Anschließend geht es links in die Sandstraße hinein und dann immer geradeaus, dabei passieren wir das *Weinhaus Heinrich & Heinrich*. An der Markusbrücke angekommen machen wir kehrt, indem wir nach rechts zum Fluss hinunter abbiegen und den Anblick der ehemaligen Flussfischereisiedlung »Klein-Venedig« genießen, der bei keinem Bamberg-Besuch fehlen darf.

Wir gehen am Fluss entlang zurück in Richtung Stadt, vorbei am malerisch gelegenen Gefängnis, im Bamberger Volksmund auch bekannt als »Café Sandbad«, bis wir auf die Kasernstraße stoßen. Auf der gegenüberliegenden Uferseite kann man den sogenannten Kranen erkennen, der auch zum Verladen von Weinfässern diente. Die Kasernstraße hinauf kommen wir schließlich am Katzenberg an. Hier empfiehlt sich ein ausgedehnter Aufenthalt in *Scheiners Gaststuben* bei fränkischen Spezialitäten und mediterraner Küche sowie einer exquisiten Weinkarte mit zahlreichen Frankenweinen. Das Lokal mit einem bezaubernden Rosenhof im Inneren hieß früher »Scheiners Weinstube« und genoss bereits im 19. Jahrhundert unter der Leitung eines unterfränkischen Weinwirtes einen exzellenten Ruf. Die neuen Besitzer fühlen sich dem verpflichtet und haben seit dem Frühjahr 2004 auch eine kleine Espressobar im gleichen Gebäude eingerichtet.

Danach geht es die Sandstraße nach rechts und vorbei an der wohl berühmtesten ansässigen Brauerei, dem Schlenkerla. Gegenüber führt uns die schmale Ringleinsgasse zu einer süßen Überraschung, denn hier befindet sich das *Café am Dom*, in dem es köstliche Pralinen, gefüllt mit fränkischen Weiß- und Rotweinen, gibt, die man sich auf keinen Fall entgehen lassen sollte.

Traditionslokal *Messerschmitt*

Kaloriengestärkt ist der restliche Weg kein Problem mehr: die Karolinenstraße bergab, über die Obere Brücke mitten durch das berühmte Alte Rathaus in der Flussmitte und die Geschäftsstraße Lange Straße in Richtung Schönleinsplatz entlang. Unsere letzte Station ehemaliger Bamberger Weinherrlichkeit ist dort am Ende auf der linken Seite das exquisite *Romantik-Hotel und Weinhaus Messerschmitt*. Diese war im 19. Jahrhundert eine berühmte Weinhandlung mit eigenem Weingut in Oppenheim. Der heutige Besitzer, Mitglied der Weinbruderschaft Franken, sorgt mit erlesenen Speisen und Getränken dafür, dass Bambergs Ruf als Stadt der Weinkultur nicht ganz verloren geht.

Der weitere Heimweg ist rasch erklärt: Entweder zum nahen Zentralomnisbusbahnhof (ZOB) oder vorbei an der Reiterstatue des Prinzregenten Luitpold die Hainstraße hinauf, der wir immer geradeaus folgen, bis nach etwa zehn Minuten ein Hinweisschild den Abzweig zum Bootshausparkplatz zeigt.

Weinempfehlung

Nach Jahrhunderten ohne echten Bamberger Wein bietet das *Weingut Bauerschmitt* mit einem Silvaner vom Bamberger Michaelsberg endlich wieder einen guten Tropfen aus der Bischofsstadt an, ein Angebot, das man angesichts von dessen – typisch fränkischer – geringer Restsüße und ausgeprägtem Aroma auf keinen Fall ausschlagen sollte.

Jan Castner

Informationen:

Tourist-Information Bamberg, Geyerswörthstr. 5, 96047 Bamberg, Tel. 09 51/2 97 62 00, www.bamberg.info

Weinhaus Heinrich und Heinrich, Obere Sandstr. 31, 96049 Bamberg, Tel. 09 51/5 80 57, www.weinhaush-h.de, Di 14.00–18.30, Mi–Do 10.00–12.30 und 14.00–18.30, Fr 10.00–18.30, Sa 10.00–14.00.

Franken Weingut Bauerschmitt, Ziegelanger 31a, 97475 Zeil a. M., Tel. 0 95 24/30 20 78, www.weingut-bauerschmitt.de

Einkehrtipps:

Scheiners Gaststuben am Dom, Katzenberg 2, 96049 Bamberg, Tel. 09 51/5 09 08 19, www.scheiners.de, tägl. 11.00–23.00.

Café am Dom, Ringleinsgasse 2, 96049 Bamberg, Tel. 09 51/51 92 90, www.cafeamdom.de, Mo–Sa 8.00–18.00, So und Fei 12.00–18.00.

Hotel-Restaurant-Weinhaus Messerschmitt, Lange Str. 41, 96047 Bamberg, Tel. 09 51/29 78 00, www.hotel-messerschmitt.de, Mo–Sa 11.00–14.00 und 18.00–23.00.

Café-Restaurant am Michaelsberg, Michelsberg 10e, 96049 Bamberg, Tel. 09 51/5 74 84, www.restaurant-michaelsberg.de, Mo und Mi–So 11.00–19.00.

Weinstube Pizzini, Obere Sandstr. 17, 96049 Bamberg, Tel. 09 51/5 63 89, Mo–Sa 20.00–2.00.

Extras:

Das *Weingut Bauerschmitt* feiert alljährlich Anfang Aug in seinem Weinberg auf dem Bamberger Michaelsberg ein Weinfest.

Anfang Jun wird zudem ein mehrtägiges Weinfest auf dem Maxplatz veranstaltet, um an die Tradition des Weinbaus in der Stadt zu erinnern. Auch hier wird der oben empfohlenen Bamberger Silvaner ausgeschenkt.

Karte:

Falk Stadtplan Bamberg 1:17 000.

Der malerischste Weinberg Frankens 6

Tour: Gemütliche Wanderung von Ebrach zur Stollburg bei Handthal.
Länge: Hin und zurück gut 10 km.
Dauer: Reine Gehzeit etwa 3 Std.
Höhenunterschied: 100 m.
Markierungen: Vom Parkplatz in Ebrach bis Handthal blaues Dreieck.
Familie: Für Kinder ab 6 Jahren kein Problem.
Saison: Das ganze Jahr über möglich. Am lohnendsten im Frühjahr und Herbst.
Anfahrt: *Kfz:* Auf der A 3 bis Ausfahrt Geiselwind, dann weiter bis Ebrach. Nicht ins Ortszentrum fahren, sondern auf der B 22 nach links. Kurz hinter Ebrach rechts in den Handthalwanderweg einbiegen und bis zum Parkplatz vorfahren. *ÖPNV:* Keine Anbindung.

Zu Fuß ins Handthal

Die Strecke vom Parkplatz kurz hinter Ebrach zum Stollberg ist auch an heißen Sommertagen recht angenehm, da der Weg bis Handthal überwiegend im dichten Buchenwald verläuft. Zunächst geht es leicht bergauf, später dann leicht bergab. Auch Radler sind hier häufig anzutreffen, denn die Strecke gehört zum Steigerwald-Radweg. Rechter Hand befinden sich einige kleine und größere Teiche mit quakenden Fröschen. Wenn die ersten Häuser von Handthal auftauchen, sind nahezu vier Kilometer geschafft.

So schön wie im sonnigen Süden

Wer zum ersten Mal nach Handthal kommt, glaubt seinen Augen nicht zu trauen. Denn hier ist ein Panorama zu bewundern, wie man es in südlichen Ländern erwartet, aber nicht in unseren Breitengraden. Hinter dem schmucken Dorf mit nur wenigen Häusern erhebt sich der Stollberg, vom Fuß bis zum Gipfel rund 100 Meter hoch, an seiner Süd- und Westflanke mit Rebflächen übersät. Die Nord- und Ostseite der Anhöhe ist bewaldet und bietet den Weinstöcken Schutz vor kalten Winden. Ganz oben liegt die Ruine Stollburg. Als die Bauern 1525 die Burg stürmten, blieb lediglich der Burgturm erhalten.

Genießen und sich verwöhnen lassen

Im Ort geht es weiter mit dem blauen Dreieck die Dorfstraße entlang, vorbei am Weinhof Winzermännle und dann Richtung Stollberg.

Nach etwa 200 Metern auf dem Schotterweg müssen wir nach links abbiegen und bis zum Parkplatz laufen und uns anschließend rechts halten zum *Staatlichen Weingut Stollberg*. Das Gasthaus liegt auf halber Höhe des Stollbergs, eingebettet in die steil abfallenden Rebflächen. Das Panorama ist überwältigend – ein schönerer Platz als auf der Terrasse des Weinguts dürfte in ganz Franken nur schwer zu finden sein. Also sollte man eine längere Pause einlegen, die hier gebotenen fränkischen Spezialitäten probieren und den hervorragenden Wein genießen.

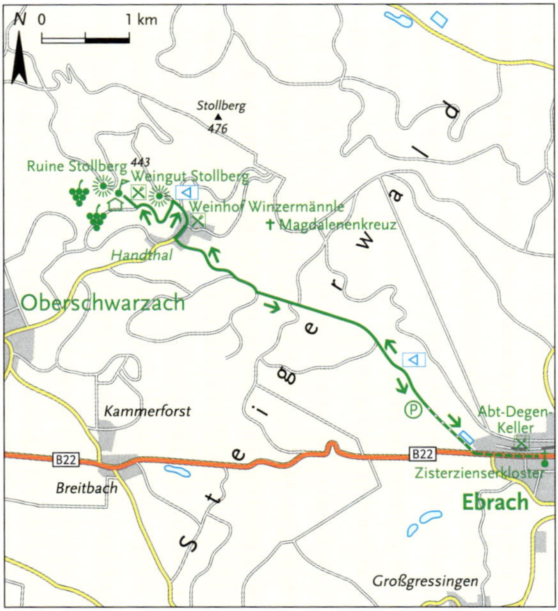

Der Stollberg bei Handthal

Das Kleinklima unterhalb des Waldgürtels ist für den Weinanbau besonders günstig. Die Rebsorte Silvaner gedeiht normalerweise nur auf Weinbergen, die nicht über 300 Meter hoch liegen. Auf dem Stollberg hingegen reift die Silvaner-Traube noch auf den über 400 Meter hohen Hängen. Der Stollberg wurde auch zum Geburtshelfer des Müller-Thurgau. Erst nachdem die hier 1947 geernteten Trauben einen Jahrgang ergaben, der zwei Jahre später höchste Auszeichnungen erhielt, konnte die Müller-Thurgau-Traube ihren Siegeszug in Franken beginnen. Ähnlich günstig erwies sich die Stollberger Weinlage auch für den Bacchus.

Etwas für Burgenfans

Wer Lust verspürt, auch noch die 443 Meter hoch gelegene Ruine Stollburg kennenzulernen, geht vom Weingut aus ein Stück weiter und dann rechts die Treppen hinauf. Leider sind Turm und Mauerreste der Anlage von Bäumen umstellt und die Fernsicht entsprechend stark beeinträchtigt. Der Blick gleitet dennoch weit über Oberschwarzach hinaus. Etwas unterhalb der Ruine befindet sich eine Schutzhütte mit Ruhebänken.

Meilenstein der Frühgotik

Zum Parkplatz am Handthalwanderweg gehen wir auf der gleichen Strecke zurück und fahren dann in die Ortsmitte Ebrachs. Wir parken in der Nähe des ehemaligen Zisterzienserklosters und besichtigen die Abteikirche. Die dreischiffige Basilika, deren Grundsteinlegung im Jahr 1200 erfolgte, zählt zu den großartigsten frühgotischen Bauten in Deutschland und spielte bei der Entwicklung der gotischen Architektur eine entscheidende Rolle. Die Ausmaße sind gewaltig: 88 Meter lang, 22 Meter hoch, das Querhaus 49 Meter breit. Trotz zahlreicher Umbauten in späteren Jahrhunderten ist die mittelalterliche Grundstruktur des Gotteshauses erhalten geblieben. Besonders sehenswert sind der St.-Bernhards-Altar (1626), das prachtvolle Rokokogitter (1747/54), die Hauptorgel (1742/43), das reich geschmückte Chorgestühl sowie einige Grabdenkmäler und, in der Westfassade, die große, 7,50 Meter breite Radrose (1280), die den Rosetten der Kathedralen von Notre Dame und Straßburg nachempfunden ist.

Das Kloster dient seit längerem als Jugendstrafanstalt, doch sind Führungen durch Treppenhaus und Kaisersaal nach Vereinbarung mit dem Verkehrsamt Ebrach möglich.

Der 42. Abt im Kloster war Alberich Degen, von dem es bis vor kurzem irrtümlich hieß, er habe 1665 als Erster die Silvanerrebe in Franken eingeführt (siehe Tour 4). Der Abt-Degen-Keller, der historische Weinkeller der ehemaligen Zisterzienserabtei, nach Plänen Balthasar Neumanns 1754 erbaut, kann leider nicht mehr besichtigt werden. Der Raum mit seinen acht Meter hohen Gewölben und einer Grundfläche von 12 mal 30 Metern hatte früher jeden Besucher anlässlich einer Weinprobe bei romantischem Kerzenlicht in Erstaunen versetzt.

Weinempfehlung

Es ist der Kabinettwein Müller-Thurgau vom Handthaler Stollberg, ein ungewöhnlich frischer und belebender Wein mit dezentem Muskatgeschmack, ausgeschenkt und jederzeit zu kaufen im *Staatlichen Weingut Stollberg*.

Thilo Castner

Informationen:

Marktgemeinde Oberschwarzach, Handthaler Str. 9, 97516 Oberschwarzach, Tel. 0 93 82/3 13 80, www.oberschwarzach.de

Verwaltungsgemeinschaft Ebrach, Rathausplatz 2, 96157 Ebrach, Tel. 0 95 53/9 22 00, www.ebrach.de

Kloster Ebrach, Marktplatz 1, 96157 Ebrach, Führungen durch Treppenhaus und Kaisersaal: JVA Ebrach, Tel. 0 95 53/1 71 50, Apr–Okt tägl. 10.30 und 14.30. Kirchenführung: Kath. Pfarramt, Tel. 0 95 53/2 66, Mitte Apr–Ende Okt tägl. 10.00–12.00 und 14.00–18.00. Museum der Geschichte Ebrachs: Apr–Okt tägl. 14.00–16.00. Die Verwaltungsgemeinschaft Ebrach bietet weitere Führungen an, Kontakt s. o.

Einkehrtipp:

Restaurant-Weinstube-Café Stollburg, Handthal 50, 97516 Oberschwarzach, Tel. 0 93 82/9 93 08 95, www.stollburg-handthal.de, Mo–Di und Do–So 10.30–21.00.

Buchtipp:

Wolfgang Wiemer: *Abteikirche Ebrach*, Regensburg 2002.

Karte:

Fritsch Freizeitkarte 1:50 000, Nr. 87 Landkreis Schweinfurt.

7 Am Rande des Steigerwalds

Tour: Radrundfahrt von Prichsenstadt über Wiesentheid, Rüdenhausen und Abtswind.
Länge: Rund 35 km.
Dauer: Reine Fahrzeit 3–4 Std.
Höhenunterschied: Insgesamt etwa 200 m.
Markierungen: Prichsenstadt–Rüdenhausen: Radweg entlang der Autostraße; Rüdenhausen–Rehweiler: Radweg Nr. 5 des Radwandernetzes Landkreis Kitzingen; Rehweiler–Füttersee: Erläuterungen im Text; Füttersee–Prichsenstadt: Radweg Nr. 14 des Radwandernetzes Landkreis Kitzingen.
Familie: Die Strecke setzt eine gute körperliche Verfassung voraus. Jugendlichen frühestens ab 14 Jahren zumutbar.
Saison: Das ganze Jahr über möglich, besonders empfehlenswert Mai–Okt.
Besonderheiten: Im Sommer, bei hohen Temperaturen, ist die Tour sehr schweißtreibend. Deshalb ausreichend Sonnenschutzmittel und Getränke mitnehmen.
Anfahrt: *Kfz:* Auf der A 3 bis Ausfahrt Wiesentheid, dann die B 286 bis zum Prichsenstadter Westtor. Hier parken. *ÖPNV:* Vom Bahnhof Kitzingen mit der Buslinie 8150 bis Bahnhofstraße Prichsenstadt. Zum Westtor laufen.

Die Radtour ist den westlichen Ausläufern des Steigerwaldes gewidmet, und es wird sich zeigen, dass die mitunter mitleidig belächelten Anhöhen des Steigerwaldes dem Radler einiges abverlangen können.

Überbleibsel mittelalterlicher Stadtgründung

Wir beginnen unsere Rundfahrt an den Doppeltürmen des Westtores in Prichsenstadt. Es ist zwar nahe liegend, dem einzigartigen Städtchen, das wie ein Überbleibsel aus dem

Mittelalter wirkt, zunächst einen ausgiebigen Besuch abzustatten. Doch den Höhepunkt des Tages heben wir uns besser für das Ende des Ausflugs auf.

Deshalb gleich los Richtung Wiesentheid auf dem Radweg, der am Westtor beginnt. Es geht leicht bergab, und wir kommen flott voran. Beiderseits der Route liegen fruchtbare Felder und blühende Wiesen, dahinter links die lang gestreckten Höhenrücken des Steigerwaldes.

Steigerwälder Barockresidenz

Kurz vor Wiesentheid endet der Radweg, darum ist jetzt erhöhte Vorsicht auf der Autostraße geboten. Vor der Weiterfahrt nach Rüdenhausen legen wir einen kurzen Stopp in Wiesentheid ein, das zu Recht als »Residenzstadt am Steigerwald« bezeichnet wird. Denn das Schloss, von Graf Schönborn zu einer überdimensionalen Barockanlage erweitert, übertrifft hinsichtlich der Größe alle Gebäude. Auch die gegenüberliegende Pfarrkirche St. Mauritius, 1727–1732 nach Plänen von Balthasar Neumann errichtet, ist beeindruckend. Der Innenraum der Kirche besticht durch seine Scheinarchitektur: An der flachen

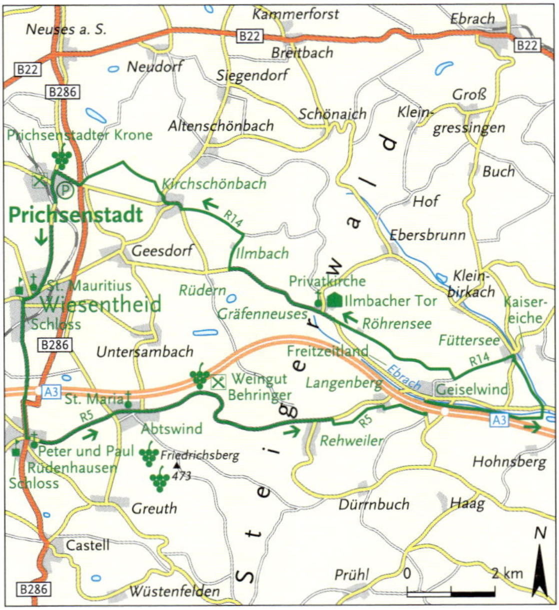

Decke wird eine große Kuppel vorgetäuscht. Der Rüdenhausener Marktplatz imponiert mit Rokoko-Rathaus, alter Apotheke und Mariensäule.

Weiter geht es auf dem Radweg nach Rüdenhausen. Im Ort befindet sich das prachtvolle Schloss der Linie Castell-Rüdenhausen. Das einstige Wasserschloss liegt in einem nicht zugänglichen Park, denn die Nachkommen des Grafengeschlechts wohnen hier. Ein Teil des Parks dient als Grabstätte verstorbener Vorfahren. Auch lohnt es sich, einen Blick in die Rüdenhausener Pfarrkirche St. Peter und Paul mit ihren reich verzierten Emporen zu werfen.

Rast beim *Behringer*

Im Zentrum von Rüdenhausen biegen wir nach links ab und folgen dem Radzeichen Nr. 5. Es geht jetzt leicht bergauf, schnell ist Abtswind erreicht, ein schöner altfränkischer Weinort. Zwischen den zwei Toren behäbige Sandsteinhäuser, zumeist Winzerhöfe, die ihren Wein von den Lagen Altenberg, Schild und Hasenberg beziehen. Auf dem nahen Friedrichsberg entstand der erste bayerische Weinlehrpfad. Sehenswert ist die Pfarrkirche St. Maria, eine ehemalige Kirchenburg. Kurz hinter Abtswind liegt linker Hand das *Weingut Behringer*. Hier eine kurze Rast einzulegen und sich in dem gemütlichen Weinlokal zu stärken, könnte sinnvoll sein, denn danach folgt der wirklich anstrengende Teil der Tour.

Hindernis Friedrichsberg

Fast 150 Meter Steigung erwarten den Radler – der Friedrichsberg hat es in sich. Weniger gestählte Sportskanonen werden ihr Fahrgerät ein bis zwei Kilometer schieben. Kurz vor Rehweiler ist der Scheitelpunkt erreicht und Entspannung angesagt. Wer einen kleinen Umweg nicht scheut, biegt nach rechts zur ehemaligen Waldschänke Friedrichsberg ab und erfreut sich hier des schönen Weitblicks nach Abtswind, Rüdenhausen und Wiesentheid.

Gut 100 Meter hinter Rehweiler biegen wir nach rechts ab, im Zentrum von Langenberg halten wir uns nochmals rechts und ebenso nach der Autobahnunterführung. Zwischen der Autobahn und dem Flüsschen Ebrach geht es auf ebener Strecke

Prichsenstadt und seine Weinberge

drei Kilometer munter geradeaus, dann biegen wir links nach Füttersee ab. Im Ort stoßen wir auf den Radweg Nr. 14, dem wir bis Prichsenstadt folgen werden.

Naturdenkmal Karlseiche

Vor der Abzweigung auf die Nr. 14 lohnt sich ein zehnminütiger Abstecher zur Kaisereiche, auch Karlseiche genannt, weil sie der Legende nach zur Zeit Karls des Großen gepflanzt wurde. Der riesige, 34 Meter hohe Baum hat einen Umfang von knapp neun Metern. Wer das einzigartige Naturdenkmal kennen lernen will, fährt bis zur Mitte von Füttersee, der Pfad zur Eiche ist ausgeschildert.

Danach prüft der Steigerwald erneut die Kondition des Radlers. Die wellige Hügellandschaft, eine Augenweide für jeden Naturfreund, bietet ein ständiges Auf und Ab. Geiselwind ist nur von ferne zu sehen, ebenso die Türme des Freizeitparks mit seinen 100 Attraktionen. Die Strecke, obwohl gut markiert, fordert ein waches Auge.

Wie entsteht eine Privatkirche?

Gräfenneuses bietet etwas sehr Seltenes, eine Kirche in Privatbesitz. Das schlichte Gotteshaus wurde vor über 100 Jahren von acht Bauern in Eigenregie errichtet, und bis heute hat sich an den Eigentumsverhältnissen nichts geändert. Direkt gegenüber befindet sich das prächtige Ilmbacher Tor, das bis zur Säkularisierung 1803 zum nahen Kartäuserkloster Ilmbach gehörte.

Ab Gräfenneuses müssen wir ein Stück auf der Autostraße radeln. In Rüdern dann rechts abbiegen, hinter Ilmbach links, und ab Kirchschönbach fahren wir auf einem holprigen Feld- und Wiesenweg nach Prichsenstadt.

Der krönende Abschluss

Nach so viel Beinarbeit ist Einkehren angesagt, und dafür ist Prichsenstadt geradezu ideal geeignet. Wem die Puste noch nicht völlig ausgegangen ist, der bummelt jetzt genussvoll durch die winkligen Gassen dieses wunderschönen Städtchens mit seinen zahlreichen Türmen, grandiosen Fachwerkhäusern und einladenden Winzerhöfen. Müdigkeit verwandelt sich schnell in grenzenlose Begeisterung, und selbst ein Gang entlang der alten Stadtmauer ist dann noch drin. Eine Mahlzeit mit fränkischen Spezialitäten und ein oder zwei Schoppen Prichsenstadter Krone können zum Höhepunkt des Tages werden.

Weinempfehlung

Im Mittelalter lag Prichsenstadt inmitten großer Rebflächen, die später durch Kriege und Schädlingsbefall völlig aufgerieben wurden. Erst 1950 wagte der damalige Bürgermeister mit großem Erfolg einen Neuanfang. Einer der köstlichen Tropfen ist der Riesling Kabinett, Lage Prichsensteiner Krone, zu erwerben im *Winzerhof Keßler* in Prichsenstadt. Hier, im 650 Jahre alten Gewölbekeller, ist nach vorheriger Anmeldung auch eine stimmungsvolle Weinprobe möglich.

Thilo Castner

Informationen:

Tourismusbüro Prichsenstadt, Karlsplatz 5, 97357 Prichsenstadt, Tel. 0 93 83/97 50 18, www.prichsenstadt.de

Marktgemeinde Wiesentheid, Balthasar-Neuman-Str. 14, 97353 Wiesentheid, Tel. 0 93 83/9 73 50, www.wiesentheid.de

Tourist-Information »Dorfschätze«, Anschrift der Marktgemeinde Wiesentheid (s. o.), Tel. 0 93 83/90 94 95, www.dorfschaetze.de

Marktgemeinde Abtswind, Hauptstr. 19, 97355 Abtwind, Tel. 0 93 83/3 00, www.abtswind.de

Markt Rüdenhausen, Marktstr. 13, 97355 Rüdenhausen, Tel. 0 93 83/9 99 71, www.ruedenhausen.de

Winzerhof Keßler, Luitpoldstr. 2, 97357 Prichsenstadt, Tel. 0 93 83/26 10, www.winzerhof-kessler.de

Einkehrtipps:

Landgasthof Zum Goldenen Adler, Karlsplatz 10, 97357 Prichsenstadt, Tel. 0 93 83/60 31, www.adler-prichsenstadt.de, März–Jan tägl. ab 11.00, Mi Ruhetag, Nov–März auch Do Ruhetag.

Weingut-Restaurant Behringer, Rehweiler Str. 7, 97355 Abtswind, Tel. 0 93 83/9 73 70, www.weingut-behringer.de, Restaurant Mi–Do und Sa–So 11.00–21.00, Fr nach Vereinbarung, Weinverkauf Mo–So 9.00–12.00 und 13.00–18.00, Jan–Feb bis 17.00.

Extras:

Prichsenstädter Straßenweinfest am zweiten Jun-Wochenende und Kirchweih am zweiten Aug-Wochenende.

Ende Apr Oldtimer-Treffen »Prichsenstadt Classics«. www.classics.prichsenstadt.de

Karte:

Radwandern im Weinlandkreis Kitzingen 1:50 000.

8 Zu Gast in fürstlichen Domänen

Tour: Angenehme Wanderung rund um Castell.
Länge: 6 1/2 km.
Dauer: Reine Gehzeit knapp 2 Std.
Höhenunterschied: Gut 100 m.
Markierung: Auf der gesamten Strecke das Casteller Wappen (Burg auf rot-weißen Feldern).
Familie: Auch für Kinder ab 10 Jahren gut geeignet.
Saison: Besonders lohnend Mai–Okt.
Anfahrt: *Kfz:* Auf der A3 Würzburg-Nürnberg bis Ausfahrt Wiesentheid, dann die B286 Richtung Rüdenhausen. In Castell am Info-Pavillon in der Birklinger Straße parken. *ÖPNV:* Mit der Bahn zum Kitzinger Bahnhof, anschließend mit der Buslinie 8111. Von der Bushaltestelle in Castell sind es knapp 100 m zum Info-Pavillon.

Der Anfang des fränkischen Silvaners

Aus dem hauseigenen Archiv des *Weinguts von Ferdinand Graf zu Castell-Castell* geht eindeutig hervor, dass am 5. April 1659 ein Amtsbote aus Greuth beauftragt wurde, 25 österreichische Silvaner-Reben in Obereisenheim abzuholen. Am Mittwoch nach Ostern des gleichen Jahres pflanzte Jakob Heyd aus Castell diese Setzlinge im herrschaftlichen Weinberg ein und begründete damit den Einzug der Silvaner-Rebe in Franken. Erst sechs Jahre danach gelang dem Ebracher Abt Alberich Degen das gleiche Kunststück in Zeil (siehe Tour 4). Gegenwärtig ist ein Drittel der 65 Hektar großen Rebfläche des *Fürstlich Castell'schen Domänenamts* der Silvanertraube vorbehalten.

Das Fürstengeschlecht der Herren von Castell

Die Spur der Familie reicht bis ins Jahr 1057 zurück. 1205 erhielt sie den Grafentitel, Anfang des 20. Jahrhunderts durch Prinzregent Luitpold von Bayern die Fürstenwürde. Gräfliche Weinberge sind urkundlich bereits seit 1266 bekannt. Mit den rund um Castell bewirtschafteten Weinbergen und weiteren 35 Hektar in der näheren Umgebung ist das *Fürstlich Castell'sche Domänenamt* heute das größte private Weingut Frankens.

Wie gewaltig die produzierte Weinmenge hier schon immer war, belegt ein Ereignis aus dem Jahr 1497. Als das untere Schloss bei Castell von Feinden erobert und in Brand gesetzt wurde, konnte das Feuer, entsprechend der Überlieferung, nur gelöscht werden, indem man eimerweise Wein in die Flammen goss.

Die Einführung der Reformation in Castell ist der gräflichen Familie zu verdanken, und ohne sie wäre auch die evangelische Pfarr- und Schlosskirche, die zu den bedeutendsten Bauwerken der protestantischen Architektur in Franken zählt, nicht möglich gewesen. 1774 entstand die Castell'sche Bank, die älteste ihrer Art in Bayern. Mittelpunkt des Ortes ist das Ende des 17. Jahrhunderts erbaute prächtige Barockschloss mit dem angrenzenden Schlossgarten.

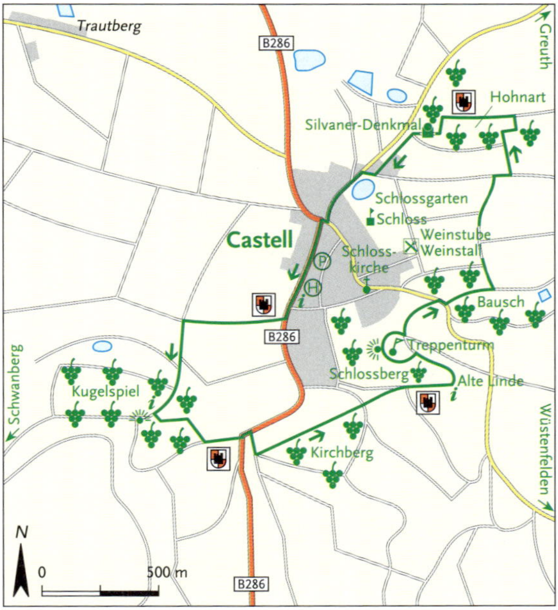

Von Weinberg zu Weinberg

Wir starten unseren Rundgang durch die Casteller Weinhänge am Info-Pavillon in der Birklinger Straße und orientieren uns bis zum Ende der Route ausschließlich an der Markierung Burg auf weiß-roten Feldern. Wir gehen knapp 200 Meter die Straße entlang, dann rechts und kurz darauf biegen wir links ab und wandern den Kugelspielweg hinauf. Auf beiden Seiten finden wir Rebstock an Rebstock, Lage Kugelspiel. Der Name wird auf die Tatsache zurückgeführt, dass hier bei der Jagd der Knall der Flinten ein besonders starkes Echo auslöste.

Der Blick von oben geht bei klarer Sicht über Rüdenhausen und Wiesentheid bis in die Rhön. Am schönsten ist der Anblick von Castell mit seinen zwei markanten Wahrzeichen, dem Turm der Pfarrkirche und dem Treppenturm der Schlossruine. Der malerische Weinort in den westlichen Ausläufern des Steigerwalds wird umrahmt von den steilen, der Sonne zugewandten Rebhängen, die durch den nahen Wald vor kalten Winden geschützt sind. Kein Wunder, dass die hier erzeugten Weine zu den besten in Franken zählen, bedingt durch das günstige Klima mit viel Sonne und Schutz vor schweren Unwettern.

Bevor unser Weg scharf nach links abzweigt, gibt eine Tafel Auskunft über die auf den Weinbergen im Laufe des Jahres anfallenden Arbeiten, ferner über die hier angebauten Rebsorten und Weinlagen. Es lohnt sich, eine erste kleine Pause einzulegen und das herrliche Panorama in vollen Zügen zu genießen.

Dann aber weiter, mit der Markierung den Berg hinunter, über die B 286 und anschließend zu den Lagen Kirchberg und Schlossberg. Es geht etwa 15 Minuten steil nach oben, durch eine einzigartige Kulturlandschaft, die Herz und Verstand des Wanderers belebt.

Zeugen bewegter Vergangenheit

Ganz oben auf dem Schlossberg steht der Treppenturm, Überrest einer einst bedeutenden Burganlage. Unmittelbar davor steht eine alte Linde, an der bis zum Beginn der Neuzeit Gericht gehalten wurde. Die Verhandlungen fanden stets öffentlich und nur bei gutem Wetter statt, damit keine Eile aufkam und jedermann Einwände vorbringen konnte. Der Galgen soll auf dem gegenüberliegenden Kugelspiel gestanden haben.

Restaurant und Weinstube *Weinstall*

Auch hier steht wieder eine ausführliche Informationstafel zur Geschichte der Linde und der Burgen Schloss- und Herrenberg.

Nach der Linde scharf links halten und der Markierung folgen. Zuvor machen wir aber einen kurzen Abstecher zu dem wuchtigen Treppenturm, der leider nicht bestiegen werden kann, doch hat man auch so eine ideale Weitsicht.

Zum Geburtsort des fränkischen Silvaners

Nun geht's ein paar hundert Meter durch den Wald, danach überqueren wir die Verbindungsstraße Castell–Wüstenfelden und stoßen auf die Lage Bausch, Anbaufläche des Müller-Thurgau, der hier, wie Kenner verraten, besondere Qualitäten entwickeln kann. Dann gleich links abbiegen, um in etwa 15 Minuten die Lage Hohnart zu erreichen, die einst ein lichter Waldhügel war, auf dem lange Zeit nur die Silvaner-Rebe angebaut wurde. Das hier 1992 errichtete Silvaner-Denkmal erinnert an die Einführung dieser Rebsorte in Franken im Jahr 1659.

Nun ist es nicht mehr weit zum Ausgangspunkt der Rundwanderung in der Birklinger Straße. Am Ortseingang liegt linker Hand der Schlossgarten, der öffentlich zugänglich ist, und da sollte man sich Zeit lassen und die Anlage mit Teich, Reitstall und dem großartigen Baumbestand besichtigen.

Genießen pur im *Weinstall*

Wer jetzt, am Info-Pavillon bzw. an der Bushaltestelle angekommen, gleich die Heimfahrt antritt, hat allerdings einen schweren Fehler gemacht. Denn der wunderbare Rundgang durch die Rebhänge verdient einen krönenden Abschluss. Also die Autoschlüssel oder das Busticket zurück in die Jackentasche gesteckt und vom Unterdorf über den Kniebrecher – so heißt die Straße – hinauf ins Oberdorf von Castell gestiegen. Vom Rathausplatz mit der Castellbank geht es schnurstracks zur Pfarr- und Schlosskirche, einem lichtdurchfluteten Rokokobau, dessen mit Stuck, Alabaster und Gold verzierte Decken- und Wandpartien wie schwerelos den Raum umgeben. Selbst im Castell'schen Barockschloss soll kein Zimmer so kunstvoll verziert sein wie in diesem herrlichen Bauwerk.

Das Schloss, 1686–1691 erbaut, kann nicht besichtigt werden, da es nach wie vor von der fürstlichen Familie bewohnt wird.

Ein paar Schritte weiter steht man vor dem *Weinstall*, einem Wirtshaus, an dem nur Banausen und Kostverächter achtlos vorbeigehen dürften. Denn hier werden sie kredenzt, die köstlichen Tropfen des *Fürstlich Castell'schen Weingutes*, zusammen mit Köstlichkeiten fränkischer Küche. Da das *Fürstlich Castell'sche Domänenamt* gleich neben dem *Weinstall* liegt, steht dem Entschluss nichts im Wege, die eine oder andere Flasche Wein mit nach Hause zu nehmen.

Weinempfehlung

Dem Müller-Thurgau geht der Ruf voraus, nicht unbedingt einer der besten Tropfen zu sein. Anders in Castell. Der von der Lage Bausch stammende, kühl vergorene, im Holzfass gereifte Müller-Thurgau ist ein außergewöhnlicher, trockener Qualitätswein, kräftig, spritzig und belebend. Er wird ausgeschenkt im *Weinstall* und ist jederzeit im *Castell'schen Domänenamt* in Castell erhältlich.

Thilo Castner

Informationen:

Tourist-Information Gemeinde Castell, Rathausplatz 4, 97355 Castell, Tel. 0 93 25/6 01 60, www.castell-gemeinde.de

Fürstlich Castell'sches Domänenamt, Schloßplatz 5, 97355 Castell, Tel. 0 93 25/6 01 60, www.castell.de

Einkehrtipp:

Weinstall Castell, Schloßplatz 3, 97355 Castell, Tel. 0 93 25/9 80 99 49, www.weinstall-castell.de, Di–So 12.00–20.30.

Extras:

Am dritten und vierten Jul-Wochenende finden im Casteller Schlossgarten Weinfeste und im Laufe des Jahres zahlreiche Konzerte, Autorenlesungen und Theateraufführungen statt. Außerdem werden geführte Weinbergwanderungen, Dorfspaziergänge, Weinproben und Kellerbesichtigungen angeboten. Der Veranstaltungskalender *Casteller Jahreszeiten* gibt Aufschluss über die genauen Termine.

Karte:

Fritsch Wanderkarte 1:50 000, Nr. 71 Frankens gemütliche Ecke.

9 Die Rotweininsel im Steigerwald

Tour: Rundwanderung von Wiesenbronn zum Schwanberg.
Länge: Rund 12 km.
Dauer: Reine Gehzeit 3–3 1/2 Std.
Höhenunterschied: Etwa 180 m.
Markierung: Wiesenbronn–Schloss Schwanberg: grünes Dreieck (teilweise auch das Krebszeichen); Schloss Schwanberg–Wiesenbronn: zunächst grünes Dreieck, dann das Krebszeichen.
Familie: Bis auf den Anstieg zum Schwanberg ist die Route einfach. Kinder ab 10 Jahren dürften keine Schwierigkeiten haben.
Saison: Das ganze Jahr über möglich, am schönsten Mai–Okt.
Anfahrt: *Kfz:* Die A3 bis Ausfahrt Wiesentheid, dann die B 286 bis Rüdenhausen, hier nach Wiesenbronn abbiegen. Parken in der Wiesenbronner Hauptstraße bei der Bushaltestelle. *ÖPNV:* Mit der Bahn bis Kitzingen, anschließend mit der Buslinie 8111 nach Wiesenbronn.

Die Rotweininsel Wiesenbronn

Urkundlich erwähnt ist der Weinbau in Wiesenbronn bereits im Jahr 814. Rotwein kam allerdings erst über 1100 Jahre später dazu, und zwar 1946 durch den Winzer Andreas Roth. Danach sind andere Wiesenbronner Weinbauern dem Beispiel gefolgt, sodass gegenwärtig etwa ein Drittel der Rebflächen auf den Lagen Wachenhügel und Geißberg dem Rotwein vorbehalten ist. Das hat Wiesenbronn den Ehrentitel »Rotweininsel im Steigerwald« eingebracht.

Unsere Wanderung beginnt in Wiesenbronn an der Bushaltestelle, Ecke Hauptstraße/Seegartenstraße. Wir gehen zum Rathaus und schwenken in die Koboldstraße ein, bis rechter Hand die Markierung mit dem grünen Dreieck und dem Hinweis »Schwanberg« abzweigt. Bis zum Schloss können wir uns dieser Markierung anvertrauen.

Wie eine schützende Kappe umschließt ein dichter Mischwald den Schwanberg auf seiner Nordflanke bis weit über den Höhenrücken. Zwischen Wiesenbronn und dem Berg erstreckt sich flaches Ackerland mit Getreide-, Mais- und Sonnenblumenfeldern. Erst nach Betreten des Waldgürtels geht es steil bergauf, insgesamt sind 180 Höhenmeter zu überwinden.

Ein keltisches Oppidum

Wenn das Krebszeichen nach links abbiegt, wenden wir uns mit dem grünen Dreieck nach rechts und stoßen kurz danach auf einen mächtigen Wallring, der um 500 v. Chr. entstanden sein dürfte und ein Oppidum umschloss. Bei Gefahr diente die keltische Siedlung als Fliehburg. Die aus Erde, Holz und Steinen aufgetürmten Wälle sind inzwischen mit Bäumen bewachsen, aber immer noch deutlich erkennbar, ebenso wie der davor angelegte Graben. Überhaupt ist der Schwanberg siedlungsgeschichtlich hochinteressant. Hier wurden Pfeilspitzen, Faustkeile, Bohrer und Schaber gefunden, die aus der Altsteinzeit stammen und belegen, dass der Berg über die Jahrtausende von Menschen bewohnt war.

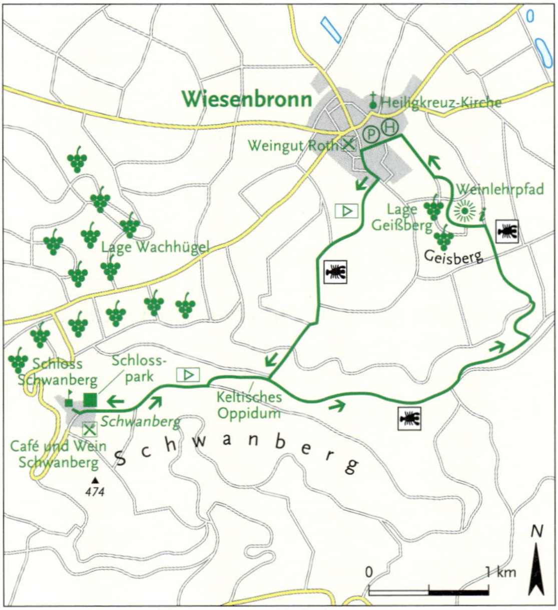

Etliche Sagen umgeben den 474 Meter hohen Schwanberg. Pippin III., Vater Karls des Großen, soll hier Hof gehalten haben und in einem silbernen Sarg im Inneren des Berges ruhen. Eine andere Legende erzählt von einem Schweden, der im 30-jährigen Krieg einer Christusfigur in Großlangheim den Kopf abschlug, und als er darauf vom Pferd stürzte, trennte sein eigenes Schwert ihm den Kopf vom Rumpf. Seitdem reitet er, keine Ruhe findend, ohne Kopf durch die Wälder – so will es die Überlieferung.

Schloss und Park Schwanberg

Nach knapp 1 1/2 Stunden, von Wiesenbronn aus, erreichen wir Schloss Schwanberg, dessen Anfänge im 13. Jahrhundert liegen. Der jetzige Bau entstand im 18. Jahrhundert. Die ursprüngliche Anlage wurde 1525 von den aufständischen Bauern in Schutt und Asche gelegt und nach dem Wiederaufbau während des 30-jährigen Kriegs erneut zerstört. 1911 erwarb Alexander Graf zu Castell-Rüdenhausen das Schloss, seit 1957 werden die Räumlichkeiten von der Communität Casteller Ring als Tagungs- und Bildungsstätte genutzt.

Der Innenhof des romantischen Schlosses ist frei zugänglich, ebenso der vom Grafen nach dem Ersten Weltkrieg errichtete Schlosspark. Es lohnt sich, hier ein wenig zu »lustwandeln«, denn gartenhistorisch ist die Anlage bemerkenswert. Das Rondell mit Obelisk, Pergola, Neptunbrunnen, Aussichtskanzel, Lindenplatz und Mausoleum erstreckt sich auf einem Gelände von acht Hektar, durchzogen von einer schattigen Allee. Ziel des Bauherrn war es, Elemente des Barock- und Landschaftsgartens zu verbinden.

Weinlehrpfad am Geißberg

Vor dem Rückweg nach Wiesenbronn kommt für eine kleine Verschnaufpause das Lokal *Café und Wein Schwanberg* gelegen. Danach gehen wir zunächst den gleichen Weg mit dem Zeichen »Grünes Dreieck« zurück, bis die Krebs-Markierung auftaucht. Dann gehen wir nicht links den Berg hinunter, sondern halten uns etwa 45 Minuten lang weiter geradeaus. Anschließend folgen wir der Krebsmarkierung den Berg hinunter. Die Spitze des Wiesenbronner Kirchturms ist bereits zu sehen. Nach einigen hundert Metern entlang den Feldern folgen wir kurz vor Wiesenbronn dem Hinweisschild »Weinlehrpfad«.

Der Turm von Schloss Schwanberg

Auf einer Länge von gut einem Kilometer informieren 16 Tafeln, welche Weinreben auf der Lage Geißberg angebaut werden. Der Blick durch die Weinstöcke zum Schwanberg und auf Wiesenbronn ist herrlich und kann in vollen Zügen genossen werden. Eine Ruhebank am Ende des Lehrpfads macht's möglich.

Tagesausklang mit Wiesenbronner Rotwein

Wieder in Wiesenbronn angekommen, gibt es abschließend noch einige Höhepunkte, etwa den Besuch der 400 Jahre alten evangelischen Heiligkreuzkirche. Besonders schön sind Altar und Fresken, Kanzel und Taufstein sowie die reich verzierte Holzempore.

In der Büttnergasse beim *Weingut Roth* kann täglich außer sonntags Wein verkostet werden. Gerhard Roth, Enkel des legendären Rotweinbegründers Andreas Roth, entschied sich 1974 für den ökologischen Weinanbau und hat inzwischen selbst die größten Skeptiker überzeugt.

Wer einkehren möchte, hat dazu im *Schwarzen Adler* Gelegenheit, einem Wirtshaus mit vorzüglicher Küche, oder in der gutbürgerlichen *Gasthaus Zur Becka*. Klar, dass es in beiden Häusern den Wiesenbronner Rotwein gibt.

Weinempfehlung

Ganz begeistert bin ich vom Wiesenbronner Wachhügel Spätburgunder, einem trockenen rubinroten Wein, feinfruchtig mit zartwürzigem Aroma, hervorragend zu Wildgerichten und milden Käsesorten. Erhältlich ist er im *Weingut Roth* in Wiesenbronn. Nach Anmeldung sind hier jederzeit auch Weinproben möglich.

Thilo Castner

Informationen:

Gemeinde Wiesenbronn, Koboldstr. 1, 97355 Wiesenbronn, Tel. 0 93 25/9 99 66, www.wiesenbronn.de

Weingut Roth, Büttnergasse 11, 97355 Wiesenbronn, Tel. 0 93 25/90 20 04, www.weingut-roth.de, Mo–Fr 9.00–12.00 und 13.00–17.00, Sa bis 16.00.

Einkehrtipps:

Landhotel-Weingasthof Schwarzer Adler, Hauptstr. 21, 97355 Wiesenbronn, Tel. 0 93 25/2 32, www.schwarzer-adler-wiesenbronn.com, Restaurant Di–So und Fei 7.00–24.00, warme Küche Di–Fr 11.30–14.00 und 17.00–21.30, Sa 11.30–21.30, So und Fei bis 21.00.

Gasthaus Zur Becka, Hauptstr. 15, 97355 Wiesenbronn, Tel. 0 93 25/7 71, Mi–Mo ab 11.00.

Café und Wein Schwanberg, Schwanberg 3, 97348 Rödelsee, Tel. 0 93 23/3 21 30, www.cafe-schwanberg.de, Di–Sa 11.00–19.30, So ab 10.00.

Extras:

Wiesenbronner Weinkost am letzten So im Mai. Am 1. Mai geführte Wanderungen durch die Weinberge. Nähere Informationen bei der Gemeinde.

Wiesenbronner Straßenweinfest am ersten Aug-Wochenende.

Karte:

Fritsch Wanderkarte 1:50 000, Nr. 71 Frankens gemütliche Ecke.

Kronjuwel am Schwanberg 10

Tour: Mittelschwerer Rundwanderweg von Iphofen über Rödelsee und Mainbernheim.
Länge: 10 km.
Dauer: Reine Gehzeit etwa 3 Std.
Höhenunterschied: Ca. 100 m.
Markierungen: Iphofen–Rödelsee: Weinrebe auf gelbem Grund. Rödelsee-Mainbernheim: ohne Markierung. Mainbernheim–Iphofen: Steigerwald-Radweg Knetzgau/Bad Windsheim.
Familie: Für Kinder ab 10 Jahren geeignet. Da alle Wege gut befestigt sind, kann ein Kinderwagen mitgenommen werden.
Saison: Das ganze Jahr über. Besonders lohnend im Frühjahr und während der Weinernte.
Variante: Von Rödelsee aus ist ein verkürzter Rückweg möglich.
Anfahrt: *Kfz:* Auf der B 8 nach Iphofen. Parken am Rödelseer Tor. *ÖPNV:* Mit dem Zug (R 1) bis Iphofen, von dort 10 Min. in die Innenstadt.

Die Stadt des Krönungsweins

Der Weinanbau zu Füßen des Schwanbergs begann vor 1200 Jahren durch Karl den Großen, wie urkundlich belegt ist. Die Weinlagen am Ausläufer des Steigerwalds – Julius-Echter-Berg, Kalb, Küchenmeister, Kronsberg, Schwanleite, Burgberg – zählen zu den besten im Frankenland. So war der Krönungswein zur Inthronisation der englischen Königin Elisabeth II. eine Riesling-Auslese Jahrgang 1950 Julius-Echter-Berg, und auch der Patriarch von Istanbul, Anthenagoras I., ließ sich regelmäßig Frankenwein aus Iphofen munden. Ebenfalls belegt ist: Wenn sich die Iphofer Ratsherren nicht einigen konnten, verschwanden sie eine Zeit lang im Weinkeller, um danach mit hochroten Köpfen in das Beratungszimmer zurückzukehren und zu einer schnellen Einigung zu finden. Kein Wunder, dass sich die Würzburger Fürstbischöfe frühzeitig den Weinort nebst Rebhängen unter den Nagel rissen. Nach Fürstbischof Julius Echter ist denn auch eine der vortrefflichen Lagen benannt worden.

Weinlehrpfad zum Schwanberg

Vor dem Start zur Rundwanderung in Iphofen am Rödelseer Tor, unmittelbar hinter der Stadtpfarrkirche St. Veit, erscheint es ratsam, im Touristik-Zentrum am Kirchplatz einen »Stadt- und Wanderführer rund um Iphofen« zu holen. So ausgerüstet gehen wir vom Rödelseer Tor ein Stück auf der Rödelseer Straße und biegen nach ein paar Metern rechts mit der Markierung Weinrebe auf gelbem Grund in den Schwanberger Weg ein. Man sollte sich Zeit lassen, denn nach dem anfangs allmählichen Anstieg geht es bald sehr steil bergan, der Schwanberg ist immerhin 474 Meter hoch. So weit das Auge reicht, liegen beiderseits des Weges Weinberge, ergänzt durch Hinweistafeln über die Eigenarten der angebauten Reben: Silvaner, Müller-Thurgau, Scheurebe, Riesling, Bacchus und Domina.

Nach gut zehn Minuten ist der Julius-Echter-Berg-Stein erreicht, wir folgen der Markierung rechter Hand. Die beiden Rödelseer Kirchtürme sind bereits deutlich zu erkennen, und ein Blick zurück auf Iphofen und die herrliche Landschaft sollte nicht versäumt werden. Ein Stück weiter oben teilt sich der

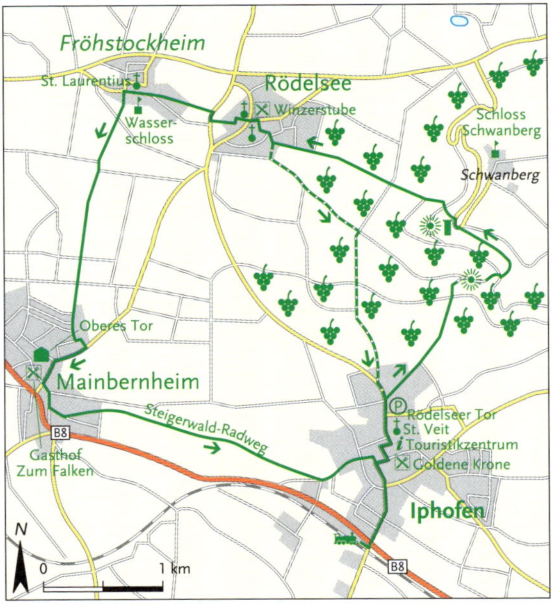

Das herrliche Wasserschloss in Fröhstockheim

Weg, wir biegen nach links ab und stehen jetzt oberhalb der Rebhänge. Den schönsten Ausblick gewährt der Aussichtsturm unmittelbar über der Weinlage Küchenmeister.

Ein paar hundert Meter hinter dem Aussichtsturm geht's steil bergab, direkt auf Rödelsee zu. Die Küchenmeisterstraße mündet in die Alte Iphofer Straße, anschließend biegen wir nach links in die Wiesenbronner Straße ab, und der Kirchplatz, Rödelsees Zentrum, ist erreicht.

Zwei sehenswerte Kirchen

Es ist lohnend, sich in dem alten Weindorf ein wenig umzuschauen. In fast jedem zweiten Haus, so scheint es, lebt man vom Weinanbau, viele Winzer betätigen sich als Selbstvermarkter. Auch das mächtige Schloss Crailsheim entpuppt sich als Weingut. Auf jeden Fall sollte man der im Markgrafenstil erbauten Bartholomäus-Kirche, die mit schönen Holzemporen ausgestattet ist, einen Besuch abstatten. Hinter der Kirche steht das Rathaus, und von hier, mit Überschreiten der Mainbernheimer Straße, geht es jetzt auf dem Fröhstockheimer Weg weiter in Richtung Fröhstockheim.

Wer jedoch ein erstes Ziehen in der Beinmuskulatur verspürt und eine Auszeit braucht, flüchtet in die Winzerstube am Kirchplatz und tritt dann den verkürzten Rückweg nach Iphofen an, die Alte Iphofer Straße führt unterhalb des Schwanbergs geradewegs dorthin.

Für die Unermüdlichen geht es weiter Richtung Fröhstockheim, vorbei am Rödelseer Dorfweiher, dann über zwei kleine Steinbrücken und die Fröhstockheimer Hauptstraße entlang bis zur St.-Laurentius-Kirche. Hier sollte man auf jeden Fall die gut erhaltenen Deckenfresken aus der ersten Hälfte des 15. Jahrhunderts im Chorraum und den im Renaissancestil gefassten Taufstein anschauen, ebenso das stattliche Epitaph des Ernst von Crailsheim, der einst Statthalter in Ansbach war. Seit der Reformation bis in die Mitte des 20. Jahrhunderts lebten die Freiherren von Crailsheim in Fröhstockheim und bewohnten das heute noch imposante Schloss, das von einer parkähnlichen Anlage umgeben ist und gleich neben der Kirche liegt.

Wir passieren das Schloss und biegen unmittelbar dahinter nach links in den Mainbernheimer Weg ein. Unser nächstes Ziel ist ein wunderbares unterfränkisches Städtchen, das viel von seinem mittelalterlichen Flair bewahrt hat. Die knapp drei Kilometer dorthin sind bald geschafft. Vom Fröhstockheimer Weg biegen wir nach links in den Goldgrabenweg, anschließend laufen wir ca. 100 Meter auf der Schützenstraße, und wir stehen vor dem wuchtigen Oberen Tor der einstigen Markgrafenstadt.

Liebenswertes Mainbernheim

Auch wenn Hunger und Durst noch so groß sind, sollte, bevor der historische *Gasthof Zum Falken* in der Herrengasse aufgesucht wird, unbedingt ein kleiner Stadtbummel unternommen werden: z. B. entlang dem gut erhaltenen Stadtmauerring aus dem 14. Jahrhundert mit Türmen und zwei Stadttoren, zu Kirche und Rathaus, zu den herrlichen Fachwerkhäusern, zum Kastenamt und zu dem historischen Röhrenbrunnen. Danach werden Speis und Trank noch besser munden.

Abschließender Höhepunkt in Iphofen

Die drei Kilometer nach Iphofen sind in 45 Minuten leicht zu schaffen. Vom Oberen Tor in Mainbernheim gehen wir ein Stück die Nürnberger Straße entlang, dann biegen wir links in den Mühlenweg ein, bis nach gut 100 Metern rechts ein schmaler Fußweg abzweigt, der über eine kleine Holzbrücke und dann am Sickersbach entlang führt. Danach geht es auf breitem Weg, als Steigerwald-Radweg ausgewiesen, immer geradeaus. Kurz vor Iphofen laufen wir durch die Straßenunterführung, und schon liegt das »Kronjuwel am Schwanberg« vor uns. Wer gleich zum Auto will, hält sich am Mainbernheimer Tor links, Bahnfahrer gehen nach rechts. Genießer und Freunde des guten Weins werden es vorziehen, zunächst die komplett erhaltene Stadtmauer mit den drei Toren zu umrunden und durch die engen Gassen der Altstadt zu schlendern, um schließlich im *Gasthof Goldene Krone* einzukehren, einem der vorzüglichen Wein- und Speiselokale am Ort.

Weinempfehlung

Ein hervorragender Wein ist der Silvaner, ein trockener Kabinettwein vom Iphöfer Kronsberg, besonders passend zu Fischgerichten. Er wird kredenzt in dem exzellenten *Gasthof und Weingut Goldene Krone* am Marktplatz von Iphofen und kann hier auch gekauft werden.

Thilo Castner

Informationen:

Tourist-Information Iphofen, Kirchplatz 7, 97346 Iphofen, Tel. 0 93 23/87 03 06, www.iphofen.de

Tourist-Information Rödelsee, im Dorfladen »Rödelseer Markt«, Zehntgasse 1, 97348 Rödelsee, Tel. 0 93 23/8 97 13, www.roedelsee.de und www.roedelsee.com

Tourist-Information Mainbernheim, Rathausplatz 1, 97350 Mainbernheim, Tel. 0 93 23/80 42 30, www.mainbernheim.de

Einkehrtipps:

Gasthof Zum Falken, Herrnstr. 27, 97350 Mainbernheim, Tel. 0 93 23/8 72 80, www.zum-falken.de, Mi–So 11.00–14.00 und 18.00–23.00.

Gasthof-Hotel-Weingut Goldene Krone, Marktplatz 2, 97346 Iphofen, Tel. 0 93 23/8 72 40, www.gasthof-krone-iphofen.de, Do–Mo 8.00–23.00, Mi ab 15.00.

Extras:

»Schwandertag« am 1. Mai, mit Themen- und Hüttenwanderungen rund um den Schwanberg.

Weinfest Rödelsee am ersten Jul-Wochenende. www.weinfest-roedelsee.de

Winzerfest auf dem Marktplatz von Iphofen, am zweiten Jul-Wochenende.

Wein-Kulinarischer Spaziergang durch die Altstadt von Iphofen und die offenen Winzerhöfe, am letzten So im Sep.

Symbolischer Weinleseabschluss mit der Einholung der »letzten Fuhre« und anschließendem Bremserfest, am zweiten Okt-Wochenende in Iphofen.

Buchtipp:

Andreas Brombierstäudl: *Kleiner Führer durch Iphofen,* Iphofen 1985.

Karte:

Fritsch Wanderkarte 1:50 000, Nr. 71 Frankens gemütliche Ecke.

Selig im Weinparadies 11

Tour: Nach der Fahrt mit dem Bocksbeutel-Express, Wanderung von Bullenheim über Frankenberg nach Ippesheim.
Länge: Etwa 12 km.
Dauer: Reine Gehzeit rund 3–3 1/2 Std.
Höhenunterschied: Ca. 120 m.
Markierung: Bullenheim–Frankenberg: Paradiesweg. Frankenberg–Ippesheim: Weg I2.
Familie: Die Wanderung setzt eine gewisse Kondition voraus. Für Kinder ab 10 Jahren dennoch zu empfehlen.
Saison: Anfang Mai–Ende Okt.
Besonderheiten: Bei Hitze ausreichend Getränke und Sonnenschutzmittel mitnehmen, da ein großer Teil der Route in offener Flur verläuft.
Anfahrt: Mit dem Zug oder mit dem Auto bis Bahnhof Markt Bibart oder Uffenheim, anschließend mit der Buslinie 109 nach Bullenheim. Rückfahrt von Ippesheim mit derselben Buslinie nach Markt Bibart oder Uffenheim.

Weinfahrt mit dem Bus

Zum Kennenlernen des mittelfränkischen Weinanbaugebiets ist kaum etwas so geeignet wie eine Fahrt mit dem Bocksbeutel-Express, der viele kleine mittel- und unterfränkische Winzerorte, wie Nenzenheim, Hüttenheim, Seinsheim, Bullenheim, Ippesheim, Weigenheim, Ulsenheim, Krassolzheim, Ingolstadt, Markt Nordheim, Reusch und Schloss Frankenberg, miteinander verbindet.

Man kann beliebig oft an den Haltestellen ein- und aussteigen, um in aller Ruhe irgendwo gemütlich einzukehren, zu wandern und die herrliche Landschaft zu genießen. In vielen Ortschaften gibt es gemütliche Wirtshäuser, Heckenwirtschaften, stattliche Schlösser, alte Wehrkirchen, bildschöne Fachwerkhäuser und ausgedehnte Rebflächen. Eine freundliche Reisebegleiterin erklärt während der Busfahrt, was es an Sehenswürdigkeiten gibt, worin die Besonderheiten der Landschaft bestehen und welche Wanderungen sich anbieten.

Fahrtstrecke sowie Wandermarkierungen sind auf einem Faltblatt zusammengestellt, das im Bus ausliegt.

Der schönste Abschnitt ist zweifellos das »Weinparadies« zwischen Bullenheim, Schloss Frankenberg und Ippesheim. Diese Route soll hier beschrieben werden.

60 Hektar Rebfläche

Wir steigen an der Bushaltestelle in Bullenheim aus. Der Ort wurde 816 erstmals urkundlich erwähnt, und es liegt nahe, sich hier gleich ein wenig umzuschauen. Imposant ist vor allem die Simultankirche St. Leonhard mit der Kirchhofbefestigung und einzelnen Gadenhäuschen. Lange war heftig umstritten, welche Konfession in der Kirche zugelassen sein sollte. Erst im sogenannten »Gnadenvertrag« von 1664 wurde festgelegt, dass das Gotteshaus den katholischen wie auch den evangelischen Christen offen stehen soll. Sehenswert sind darüber hinaus der Dorfbrunnen, die alten Grabdenkmäler auf dem Friedhof und das 1583 erbaute Rathaus mit den zwei Schwarzenberger Wappen seitlich des Portals. Im Rathaus befindet sich auch das Info-Zentrum.

Geschichtsträchtiger Bullenheimer Berg

Noch wäre es zu früh, in eine der zwölf Bullenheimer Heckenwirtschaften zu flüchten. Vielmehr starten wir gegenüber der Bushaltestelle auf dem Kunigundenweg mit der Markierung Paradiesweg zum 455 Meter hohen Bullenheimer Berg. Am Ortsende halten wir uns rechts, um danach mit dem Hinweisschild Kunigunden Kapelle gleich wieder links einzuschwenken. Anschließend geht es immer geradeaus, erst auf geteerter Straße, dann über wuchtige Steinstufen. Nach ca. 20 Minuten ist eine kleine Wanderhütte erreicht, und wir biegen auf den Paradiesweg nach rechts ein.

Wir stehen jetzt oberhalb der Weinlage Bullenheimer Paradies und blicken über die Rebhänge auf das im Tal liegende Bullenheim, das sich uns als besonders schönes Panorama präsentiert. Noch eindrucksvoller wird die Aussicht, wenn wir einen kleinen Abstecher zur Ruine der Kunigundenkapelle machen. Es geht gleich hinter der Wanderhütte links auf schmalem Pfad nach oben, die Kapelle ist in etwa zehn Minuten erreicht. Der Sage nach soll sich Kaiserin Kunigunde, die Gemahlin Heinrichs II., hier im Wald verirrt haben. Erst als sie gelobte, bei ihrer Rettung eine Kapelle bauen zu lassen, fand sie aus der Wildnis zurück.

Viele Ausgrabungen belegen die frühgeschichtliche Bedeutung des Bullenheimer Bergs. Man fand zahlreiche Schmuckgegenstände und Arbeitsgeräte aus der Bronze- und Urnenfelderzeit. Reste von Wällen und Gräben belegen die Existenz einer vorgeschichtlichen Befestigungsanlage. Auch wurden zwölf Bronzedepots entdeckt. Die Funde lagern teilweise im Mainfränkischen Museum in Würzburg.

Zurück zum Paradiesweg. Und weiter geht's immer geradeaus. Die Strecke hält, was der Name verspricht – herrliche Rebhänge, so weit das Auge reicht, und nicht zu Unrecht wird die Landschaft als »fränkische Toskana« bezeichnet. Zahlreiche Tafeln informieren über die Geschichte der Region und den Weinbau der ansässigen Winzer.

Hinter- und Vorderfrankenberg

Wir bleiben auf dem Paradiesweg. Wenn rechter Hand die Abzweigung zur Paradiesscheune erreicht ist, weiter geradeaus

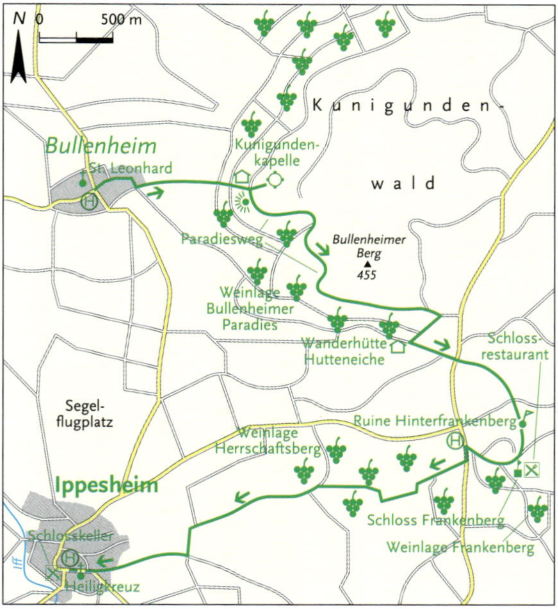

Die Gaststätte im Hof des Schlosses Frankenberg

gehen und kurz vor dem Naturdenkmal Hutteneiche mit dem Hinweisschild Ippesheim nach links abbiegen. Nach Durchschreiten des Waldgürtels überqueren wir die Verbindungsstraße Nenzenheim–Reusch und gehen weiter Richtung Hohenlandsberg. Am Ende des großen Weizenfeldes rechts halten und kurz darauf auf dem Rundweg Frankenberg links abbiegen. Es folgt ein kleiner Aufstieg. Rechts dann die Ruhestätten der Herren von Knobelsdorff und Pöllnitz, links auf einem parkähnlichen Gelände die Ruine Hinterfrankenberg. Die ehemalige Burg, lange in Besitz der Würzburger Domprobstei, wurde 1554 von den Truppen des Markgrafen Albrecht Alcibiades völlig zerstört und nie wieder aufgebaut. Nur zwei mächtige Rundtürme sind erhalten geblieben.

Vor uns liegt nun Schloss Frankenberg, auch Vorderfrankenberg genannt. Das Schloss ruht auf einem bewaldeten Bergsporn und wurde 1254 von den Nürnberger Burggrafen errichtet. Die Anlage überstand die Wirren des Bauernaufstands und des 30-jährigen Kriegs und ist zurzeit im Besitz der Familie von Lerchenfeld. Wer sich eine Verschnaufpause gönnen möchte, schaut sich das Schloss näher an und lässt es sich im schmuck eingerichteten *Café Amtshaus* wohl ergehen. Auch eine kleine Weinprobe des rund um den Frankenberg angebauten Weins ist nicht zu verachten. Seit dem 13. Jahrhundert werden hier Rebstöcke gepflanzt, und im Schlossgarten findet seit 1830 am Himmelsfahrtstag das älteste deutsche Weinfest statt.

Abstieg nach Ippesheim

Sollte es zu regnen beginnen oder sollten die müden Beine nicht mehr wollen, kann man unterhalb des Schlosses am Ende der schattigen Allee an der Bushaltestelle auf den Bocksbeutel-Express warten und ein Stück fahren. Ansonsten wird mit der Markierung I2 (Fuchs) die Wanderung nach Ippesheim fortgesetzt. Es geht meist bergab, über die Weinlage Herrschaftsberg, und in gut einer Stunde ist Ippesheim erreicht. Am Sportplatz rechts vorbei, führt der Weg direkt zur Bushaltestelle in der Ippesheimer Hauptstraße.

Auch hier lohnt sich ein kurzer Rundgang, so zur Pfarrkirche Heiligkreuz – der Westturm stammt aus dem 12./13. Jahrhundert – zur Pferdeschwemme, zu den Torhäusern und natürlich zum ehemaligen Schloss Lichtenstein.

Weinempfehlung

Es ist der Vinum Kunigundae, der es mir angetan hat, ein leichter und zugleich aromatischer Cuvéewein aus sechs Rotweinsorten, allesamt vom Bullenheimer Paradies. Erhältlich ist der gute Tropfen im *Winzerhof von Werner Kistner* in Bullenheim.

Thilo Castner

Informationen:

Gemeindeverwaltung Markt Ippesheim, im Rathaus, Schlossplatz 1, 97258 Ippesheim, Tel. 0 93 39/14 44, www.ippesheim.de

»Bocksbeutel-Express« (Buslinie 109): 1. Mai–1. Nov an So und Fei dreimal Markt Bibart–Uffenheim in beiden Richtungen, Sa nur einmal hin und zurück.

Heimat- und Weinbauverein Ippesheim, Roter Bügel 8 97258 Ippesheim, Tel. 0 93 39/9 90 06, www.weinbauverein-ippesheim.de

Einkehrtipps:

Café-Lounge Amtshaus, Schloss Frankenberg, 97215 Weigenheim, Tel. 0 93 39/9 71 42 01, www.schloss-frankenberg.de, So 12.00–17.00.

Weingut Kistner, Bullenheim 61, 97258 Ippesheim, Tel. 0 93 39/3 42, www.weingut-kistner.de

Extras:

Häckerstuben im *Weingut Kistner* von Mitte März–Mitte Apr, außerdem sonntags im Jul, am zweiten Sep-Wochenende sowie So und Fei im Okt. Genau Termine siehe Website.

Buchtipp:

Susanne Hillermeier: *Mittelfränkische Bocksbeutelstraße*, Uffenheim 1990.

Karte:

Fritsch Wanderkarte 1:50 000, Nr. 71 Frankens gemütliche Ecke.

Zankapfel und Weintrauben 12

Tour: Leichte Rundwanderung von Ipsheim über die Burg Hoheneck, Weimersheim und Mailheim.
Länge: Ca. 10 km.
Dauer: Reine Gehzeit 2 1/2–3 Std.
Höhenunterschied: Gut 100 m.
Markierung: Ipsheim–Burg Hoheneck: rotes Andreaskreuz. Burg Hoheneck–Weimersheim: Blaustrich. Weimersheim–Mailheim: Mittelfränkische Bocksbeutelstraße. Mailheim–Ipsheim: Aischtail-Radweg.
Familie: Für Kinder ab 6 Jahren geeignet.
Saison: Das ganze Jahr über lohnend. Am schönsten im Frühjahr und während der Herbstfärbung.
Anfahrt: *Kfz:* Mit dem Auto auf der B 8 bis Neustadt/Aisch, dann die B 470 zum Ipsheimer Bahnhof. Hier parken. *ÖPNV:* Mit dem Regionalexpress R 1 bis Neustadt/Aisch, anschließend mit der Regionalbahn R 81 bis Ipsheim.

Kein Drei-Männer-Wein mehr

Von den gut 6 000 Hektar Rebfläche in Franken stellt Mittelfranken mit ca. 300 Hektar bescheidene fünf Prozent. Zudem stand der mittelfränkische Wein lange im Ruf, ein Drei-Männer-Wein zu sein: Einer hält den Kopf des Trinkers und reißt ihm den Mund auf, ein anderer flößt den Wein gewaltsam ein und der bedauernswerte Dritte schluckt widerwillig. Inzwischen räumt man jedoch auch in Unterfranken ein, dass vor allem die um Burg Hoheneck und Bullenheim (siehe Tour 11) gewonnenen Weine von hoher Qualität sind und ein Gewinn für jeden Weinkenner.

Zur Burg Hoheneck

Vom Ipsheimer Bahnhof (nicht zu verwechseln mit dem nahen Ippesheim und mit Iphofen!) gehen wir nach rechts auf die Bahnhofstraße, überqueren die Bahngleise und biegen dann wieder rechts in die Eichenstraße ein. Unsere Wegmarke ist das rote Andreaskreuz.

Wir befinden uns auf dem Weinwanderweg Burg Hoheneck. Zunächst geht es recht gemütlich bergauf, später wird der Weg allerdings sehr steil. Nach rund einer halben Stunde haben wir 100 Meter Höhe gewonnen und stehen am Eingang zur Burg.

Ein ewiger Zankapfel

Bereits 1132 wird Hoheneck erstmals urkundlich durch einen Dietmar von Hoheneck belegt und ist zunächst im Besitz der Herren von Hohenlohe, um später an die Hohenzollern zu fallen. Zahlreiche Zerstörungen, 1381 durch die Windsheimer, 1461 durch die Truppen der Bischöfe von Bamberg und Würzburg sowie 1525 durch die Nürnberger, belegen, dass die Burg wegen ihrer Lage und Beschaffenheit stets außerordentlich begehrt war. Trotz mehrfacher Beschädigung ist sie immer wieder aufgebaut und erweitert worden. Genutzt wurde Hoheneck ab 1863 als Amtsgebäude, im 20. Jahrhundert als Freizeitzentrum, während der Naziherrschaft als Schulungsburg für Reichstierärzte, und nach 1945 vorübergehend als Gefangenen- und Flüchtlingslager. Seit 1953 gehört Hoheneck der Stadt Nürnberg, und der Kreisjugendring nutzt die in tadellosem Zustand

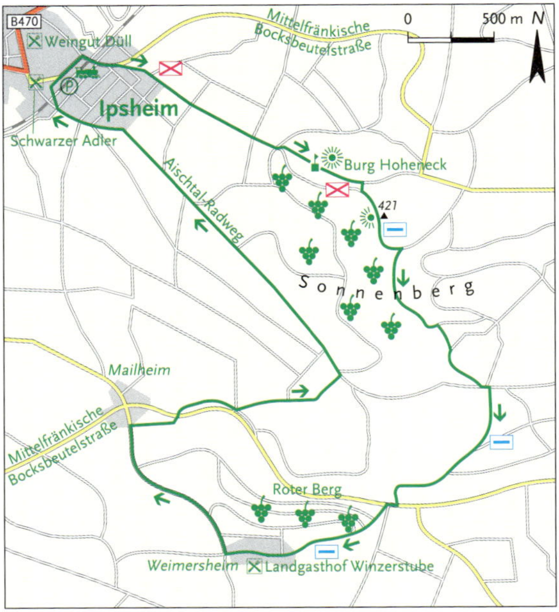

Die Weinhänge unterhalb von Burg Hoheneck

befindlichen Räumlichkeiten jetzt als Bildungsstätte. Der imposante Innenhof der Burg kann nach Absprache besichtigt werden. Jedes jahr gibt es auch einen Tag der offenen Tür.

Unterhalb der Burg liegen 32 Hektar Rebfläche. Seit dem Mittelalter wird hier Wein angebaut, und der lehmige, gipskeuperhaltige Boden am abschüssigen Südhang ist zwar schwer zu bearbeiten, doch gleichzeitig Garant edler Tropfen. Bevorzugte Rebsorten sind Müller-Thurgau, Silvaner, Kerner, Riesling und Bacchus. Der Ausblick vom Burgberg über die Weinhänge und bis weit ins Aischtal und die Windsheimer Bucht ist an schönen Tagen und bei klarer Sicht einzigartig.

Auf zum Roter Berg

Wir orientieren uns nach Verlassen der Burg Hoheneck zunächst weiter am roten Andreaskreuz und biegen dann nach rechts ab. Von nun an ist der Blaustrich unser Wegzeichen. Der Höhenweg führt über den Sonnenberg durch offenes Terrain, immer wieder mit Blick auf die Weinberge, später durch einen dichten Mischwald. Nach Überqueren der Verbindungsstraße Mailheim–Linden führt der Weg bergab, vorbei am Roter Berg, und schon ist Weimersheim erreicht. Der kleine und verträumt wirkende Weiler am Fuße des Weinbergs ist seit Jahrhunderten ein idealer Standort für den Rebenanbau. Das gilt vor allem für seine sonnenüberflutete Südflanke. Wie am Burgberg gedeihen hier Silvaner, Bacchus, Müller-Thurgau, aber auch der Dornfelder prächtig, was dazu geführt hat, dass die Winzer seit den 1970er-Jahren etliche Weinprämierungen einheimsen konnten. Wer sich von der Qualität des hier gewonnenen Rebensaftes überzeugen will und an heißen Sommertagen die Spezialitäten auf dem »Veschberkärdla« probieren möchte, hat dazu im *Gasthaus Winzerstube* beste Gelegenheit. Da Weimersheim im Schnittpunkt der mittelfränkischen Bocksbeutelstraße und der Aischgründer Bierstraße liegt, ist klar, dass in der *Winzerstube* Biertrinker keineswegs auf diverse Gerstensäfte verzichten müssen.

Weinnest Ipsheim

Zum einstündigen Rückweg nach Ipsheim bleiben wir zunächst auf der mittelfränkischen Weinstraße bis Mailheim, im Ortszentrum halten wir uns dann rechts und laufen anschließend auf dem Aischtalradweg unterhalb des Burgbergs zum Ausgangspunkt am Bahnhof zurück. Hatten wir von Burg Hoheneck einen herrlichen Blick von oben auf die Weinhänge, so haben wir diesen jetzt von unten. Die Perspektive ist völlig anders, aber nicht weniger reizvoll. Deutlich wird, was den hier lebenden Winzern an körperlicher Kraftanstrengung abverlangt wird, wenn die Rebstöcke wertvolle Erträge bringen sollen.

Ipsheim ist ein ausgesprochenes »Weinnest« mit Heckenwirtschaften, Weinlokalen an fast jeder Straßenecke und den verschiedensten Veranstaltungen: das Weinfest am zweiten September-Wochenende, Hofschoppenfeste von Mai bis August und am 1. September Wein-Wander-Tag. Auch an Sehenswürdigkeiten fehlt es nicht: das May'sche Schloss, jetzt Rathaus, das ehemalige Zehnthaus und im Westen der mittelalterliche Turmhügel mit quadratischem Pavillon. Wer Wert auf eine gutbürgerliche Mahlzeit legt, kehrt im *Schwarzen Adler* ein und kann hier auch nach Herzenslust Frankenweine kaufen.

Weinempfehlung

Ob vom Burgberg oder vom Roter Berg, alle hier erzeugten Weinsorten können sich sehen lassen. Etwas Besonderes ist sicherlich der im Holzfass gereifte, trockene Dornfelder Roter Berg, ausgezeichnet mit der Frankenwein-Medaille in Silber. Trinken kann man ihn in der Weimersheimer *Winzerstube* und käuflich erwerben im Ipsheimer *Weingut Düll*.

Thilo Castner

Informationen:

Jugendbildungsstätte Burg Hoheneck, 91472 Ipsheim, Tel. 0 98 46/9 71 70, www.burg-hoheneck.de, Burg und Burghof nicht öffentlich zugänglich, außer So zum »Wochenende des Bezirks Mittelfranken«, zum »Tag des offenen Denkmals« am letzten So der bayer. Sommerferien und zum Weihnachtsmarkt am 3. Advent.

Markt Ipsheim, Marktplatz 2, 91472 Ipsheim, Tel. 0 98 46/9 79 70, www.ipsheim.de

Weinbauverein Ipsheim, Im Haupt 4, 91472 Ipsheim, Tel. 0 98 46/5 07, www.weinbauverein-ipsheim.de

Einkehrtipps:

Gasthof-Weingut Schwarzer Adler, Marktplatz 7, 91472 Ipsheim, Tel. 0 98 46/2 18, www.gasthofschwarzeradler.de, So–Fr 11.00–14.00 und 17.00–20.30.

Weingut Herbert Düll, Schützenstr. 15, 91472 Ipsheim, Tel. 0 98 46/2 54, www.weingut-duell.de

Gasthaus Winzerstube, Weimersheim 17, 91472 Ipsheim, Tel. 0 98 46/5 61, www.winzerstube-weimersheim.de, Mi–Mo ab 10.30, warme Küche 11.00–14.00 und 17.00–21.30.

Buchtipp:

Susanne Hillermeier: *Mittelfränkische Bocksbeutelstraße*, Uffenheim 1990.

Karte:

Fritsch Wanderkarte 1:50 000, Nr. 71 Frankens gemütliche Ecke.

13 Wie Perlen auf der Schnur

Tour: Radrundfahrt von Ochsenfurt über Sommerhausen, Sulzfeld und Frickenhausen.
Länge: Knapp 30 km.
Dauer: Ohne Besichtigungen 2 1/2–3 Std.
Höhenunterschied: Etwa 100 m.
Familie: Für Kinder ab 12 Jahren geeignet.
Markierungen: Ochsenfurt–Sommerhausen: Maintal-Radweg (Markierung »MR«); Sommerhausen–Erlach: Autostraße; Erlach–Sulzfeld: nicht markierter Fußweg; Sulzfeld–Ochsenfurt: Maintal-Radweg.
Saison: Ganzjährig möglich. Ideal Mai–Okt.
Anfahrt: *Kfz:* Auf der B 13 Würzburg–Ansbach bis Ochsenfurt, dort über die neue Brücke zum Bahnhof. Hier Parkmöglichkeiten. Falls keine Parkplätze frei, zum Großparkplatz an der alten Mainbrücke fahren. *ÖPNV:* Mit dem Zug auf der Strecke Ansbach-Würzburg bis Bhf. Ochsenfurt.

Zum Weinparadies der südlichen Mainschleife

Die südliche Mainschleife ist ein einzigartiges Weinparadies. Hier liegen, wie Perlen auf einer Schnur, die herrlichen Winzerstädtchen Sulzfeld, Markt Breit, Segnitz, Frickenhausen, Ochsenfurt und Sommerhausen. Ihnen gilt die heutige Radrundfahrt.

Wir starten am Ochsenfurter Bahnhof, radeln nach links zum Oberen Tor und in die Altstadt. Auf der Hauptstraße biegen wir rechts in die Brückenstraße und fahren über die alte Mainbrücke. Am Ende der Brücke wenden wir uns nach links in den Maintal-Radweg und folgen der Markierung »MR« auf grünem Grund.

Es wäre nahe liegend, zuvor die Altstadt abzufahren, doch sollte man sich dieses Vergnügen angesichts der vielen bevorstehenden Höhepunkte zunächst lieber verkneifen. Unermüdliche können Ochsenfurt besser am Ende der Tour einen Besuch abstatten.

Von der Mainbrücke bis Sommerhausen sind die sechs Kilometer in knapp 30 Minuten geschafft. Linker Hand der träge dahin fließende Main, rechts, sobald Kleinochsenfurt durchradelt ist, Weinberg an Weinberg. Die Strecke ist eben und bereitet keinerlei Schwierigkeiten.

Kultur- und Theaterstadt Sommerhausen

Sobald die ersten Dächer von Sommerhausen erreicht sind, biegen wir rechts durch die Unterführung und fahren auf der Herrengasse bis zum Stadttor und in die Sommerhausener Hauptstraße. Das Rad stellen wir jetzt irgendwo ab und erkunden das Städtchen mindestens eine halbe Stunde lang zu Fuß. Es gibt eine Menge zu sehen: stattliche alte Wirtshäuser und Weingüter, blumengeschmückte Hausfassaden, romantische enge Gässchen und schmucke Innenhöfe. In der Hauptstraße sind das Rathaus von 1588 und das Schloss aus dem 15./16. Jahrhundert besonders sehenswert. Sehr schön gestaltet sich auch ein Rundgang entlang der alten Stadtmauer und zur evangelischen Pfarrkirche. Die Sanduhren an der Kanzel zeigten dem Pastor einst die Länge der Predigt an.

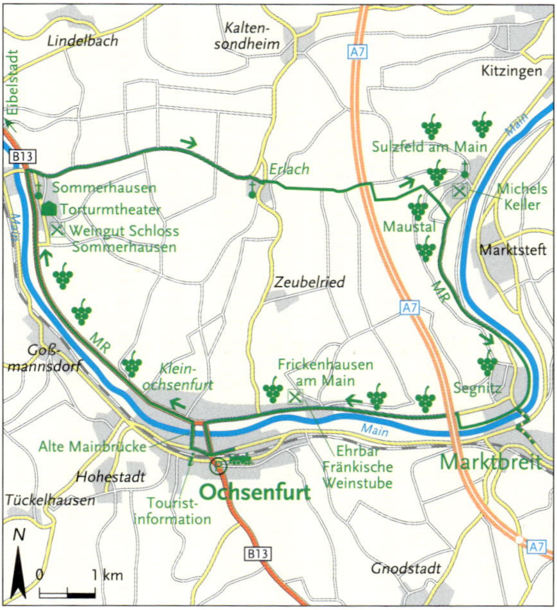

Aus Sommerhausen stammt Franz David Praetorius, der Gründer des Stadtteils Germantown in Philadelphia, und in Sommerhausen hat auch das kleinste Theater Deutschlands, das Torturmtheater, gegründet 1950 von Luigi Malipiero, seinen Sitz. Gerade mal 50 Personen finden hier Platz, und die Vorstellungen sind stets ausverkauft. Zahlreiche Künstler, vor allem Maler, die in Sommerhausen lebten, haben dem Ort den Titel »Fränkisches Worpswede« eingebracht. Das Schloss von Sommerhausen erwarb 1968 nach dem Tod der letzten Gräfin die Familie Steinmann, die das imposante Gebäude jetzt als Weingut führt. Jährlich finden hier gewerbliche Kunstausstellungen statt.

Hauptanziehungspunkt von Sommerhausen ist neben den kulturellen Angeboten natürlich der Wein. Die von den Lagen Ölspiel, Reifenstein und Steinbach gewonnenen Sorten erzielen laufend Auszeichnungen. Vor der Weiterfahrt käme deshalb durchaus eine kurze Einkehr beim *Ritter Jörg* oder im *Weinhaus Düll* in Betracht, um einen der bekömmlichen und leichten Sommerweine zu probieren.

Weiterfahrt mit Tücken

Zur Weiterfahrt nach Erlach existiert zwar ein Wanderweg durch die Weinberge und über die Hügel, doch kann man sich hier leicht verfahren, wie die Einwohner versichern. Wir empfehlen deshalb, die fünf Kilometer bis Erlach anfangs auf der Autostraße zurückzulegen. Es geht hier zwei bis drei Kilometer steil bergauf, und die meisten Radler werden ihren Drahtesel wohl schieben müssen. Also die Zähne zusammenbeißen und die vorbeifahrenden Autos einfach ignorieren. In Erlach angekommen, erwartet uns so gut wie keine Steigung mehr, sondern ein angenehmes Hinabgleiten ins Maintal.

Erlach, ein Dorf mit Charakter, liegt auf einer Hochebene. Schon von Weitem sind der Turm der einstigen Wasserburg sowie der Zwiebelturm der Kirche deutlich erkennbar. Die Zeit scheint hier stehen geblieben zu sein. In seiner Ruhe und Beschaulichkeit wirkt der Ort äußerst wohltuend.

Die vier Kilometer bis Sulzfeld sind als Fußweg ausgewiesen, ab und zu fährt hier aber auch ein Auto. Nun lässt es sich angenehm radeln, die vom Schieben noch müden Beine erholen

Der *Michelskeller* in Sulzfeld, Oase für Weinkenner

sich schnell. Die letzten paar hundert Meter geht's dann steil bergab, also aufpassen und rechtzeitig bremsen!

Einer der romantischsten fränkischen Winzerorte

In Sulzfeld angekommen, lautet unsere Devise ausruhen, schauen und die Anmut des Ortes auf sich wirken lassen (siehe Tour 15). Für viele Besucher ist Sulzfeld eine der schönsten, wenn nicht gar die schönste Perle fränkischer Weinkultur.

Mancher schwärmt von der meterlangen Bratwurst, die hier in etlichen Gasthäusern serviert wird. Der eigentliche Reiz Sulzfelds liegt freilich mehr in dem einmaligen mittelalterlichen Stadtbild. Rings um den Ort verläuft eine wehrhafte Mauer mit Türmen und Toren. Ein Schmuckstück bildet das dreigeschossige Rathaus mit Staffelgiebel und Renaissance-Portal, erbaut auf Anordnung von Fürstbischof Julius Echter, der dem Ort besonders gewogen war, wohl wegen des ausgezeichneten Weins. Der Jahrgang 1644 war so vortrefflich, dass seine Ausfuhr verboten wurde. Julius Echter ließ auch die spätgotische Pfarrkirche auf dem höchsten Punkt des Ortes ausbauen.

Die auf den Sulzfelder Lagen Maustal und Cyriakusberg gewonnenen Reben ließen etliche Sulzfelder Bürger zu beachtlichem Wohlstand kommen, was die vielen stattlichen

Renaissance- und Barockhäuser, die in der warmen Jahreszeit durch Blumenarrangements und Kletterpflanzen kunstvoll dekoriert sind, bezeugen.

Nach einem ausgiebigen Rundgang und einer kleinen Verschnaufpause in einer der gemütlichen Weinstuben geht es weiter Richtung Segnitz. Wir fahren jetzt auf dem Maintal-Radweg, zunächst unmittelbar am Wasser, später ein Stück auf der relativ ruhigen Autostraße. Von der Mainpromenade in Segnitz hat man einen herrlichen Blick auf das gegenüberliegende Markt Breit. Falls Zeit zu einem Abstecher in dieses schöne Städtchen mit seinen prächtigen Renaissance-Bauten ist, radelt man einfach über die Mainbrücke bei Segnitz – der Umweg hin und zurück beträgt nur zwei bis drei Kilometer. Ansonsten geht es weiter Richtung Frickenhausen. Wir fahren anfangs in Mainnähe, dann wieder auf der Autostraße.

1100 Jahre Frickenhausen

Frickenhausen gilt als eine der ältesten fränkischen Siedlungen. Der Ort besteht seit 903, und seit 1 000 Jahren wird hier Wein angebaut. Neben dem stattlichen spätgotischen Rathaus, den alten Gräben, Tortürmen und Bollwerken sind es vor allem die behäbigen Weinstuben und romantischen Innenhöfe, die einen längeren Aufenthalt unumgänglich machen. Auch eine Weinverkostung bietet sich an, z. B. im *Weingut Meintzinger*. Und wer Appetit verspürt, sucht die *Ehrbar Fränkische Weinstube* in der Hauptstraße auf und bestellt eine Frickenhäuser Mostsuppe, die hauptsächlich aus Frickenhäuser Müller-Thurgau und verschiedenen Gemüsen besteht. Schmeckt jedenfalls köstlich!

Nach Ochsenfurt ist es dann nur noch einen Kilometer weit. Kurz hinter Frickenhausen fahren wir über die neue Mainbrücke auf die andere Uferseite, und schon ist der Ochsenfurter Bahnhof erreicht, der Ausgangspunkt unserer Radltour.

Zum Abschluss noch Ochsenfurt

Wer noch nicht erschöpft ist und Lust auf Ochsenfurt hat, überquert den Main auf der alten Mainbrücke, holt sich beim Fremdenverkehrsbüro in der Hauptstraße den Prospekt *Rundgang durch die historische Altstadt,* stellt das Fahrrad ab und besichtigt die beschriebenen Sehenswürdigkeiten. Eine Stunde nimmt der Rundgang ungefähr in Anspruch. Aber er lohnt sich – auch Ochsenfurt zählt zu den schönsten Perlen Weinfrankens.

Weinempfehlung

Für heiße Tagen empfehle ich vom *Weingut Schloss Sommerhausen* den grünen Silvaner *Ohne viel Worte!*, einen trockenen, süffigen Spitzenwein. Von der Lage Sulzfelder Cyriakusberg bevorzuge ich den halbtrockenen Bacchus, einen kräftigen und aromatischen Wein, zu probieren und zu kaufen im historischen *Michelskeller* in Sulzfeld, der um 1300 entstanden sein soll.

Thilo Castner

Informationen:

Tourist-Information Ochsenfurt, Hauptstr. 39, 97199 Ochsenfurt, Tel. 0 93 31/58 55, www.ochsenfurt.de

Tourist-Information Sommerhausen, Hauptstr. 15, 97286 Sommerhausen, Tel. 0 93 33/82 56, www.sommerhausen.de

Gemeindeverwaltung Markt Frickenhausen am Main, Babenbergplatz 6, 97252 Frickenhausen a. M., Tel. 0 93 31/27 26, www.frickenhausen-main.de

Weingut Schloss Sommerhausen, Hauptstr. 25, 97286 Sommerhausen, Tel. 0 93 33/2 60, www.sommerhausen.com, Weinverkauf Mo–Fr 10.00–18.00, Sa bis 16.00, So und Fei bis 14.00.

Weingut-Hotel Meintzinger, Babenbergplatz 4, 97252 Frickenhausen a. M., Tel. 0 93 31/8 71 10, www.weingut-meintzinger.de, Weinverkauf Mo–Fr 8.00–22.00, Sa ab 9.00, So 10.00–20.00.

Einkehrtipps:

Hotel-Restaurant Ritter Jörg, Maingasse 14, 97286 Sommerhausen, Tel. 0 93 33/9 73 00, www.ritter-joerg.de, Mi–Fr ab 17.00, Sa–So und Fei ab 11.00.

Hotel-Restaurant Weinhaus Düll, Maingasse 5, 97286 Sommerhausen, Tel. 0 93 33/2 20, www.weinhaus-duell.de, März–Sep Mo–Fr 17.00–22.00, Sa und Fei 11.30–14.00 und

17.00–24.00, So 11.30–22.00, warme Küche bis 22.00. Okt–Feb auf Anfrage.

Ehrbar Fränkische Weinstube, Hauptstr. 17, 97252 Frickenhausen a. M., Tel. 0 93 31/6 51, www.ehrbar-weinstube.de, Mi–So 10.00–24.00, warme Küche 11.30–14.00 und 17.00–21.30.

Restaurant Michelskeller, Zehntgasse 2, 97320 Sulzfeld a. M., Tel. 0 93 21/75 45, www.michelskeller.de, Mo–Do 11.00–18.00, Fr–So und Fei ab 10.30.

Extras:

Weinfest in Frickenhausen am zweiten Aug-Wochenende.

Straßenweinfest in Sommerhausen am letzten Jun-Wochenende und am ersten Aug-Wochenende.

Buchtipp:

Elmar Hahn, Werner Dettelbacher: *Unterfranken. Kunst- und Reiseführer,* Veitshöchheim 1996.

Karte:

ADFC-Radtourenkarte 1:150 000, Mainfranken/Taubertal.

Lieblingssitz des Weingottes Bacchus

14

Tour: Radrundfahrt von Winterhausen über Eibelstadt und Lindelbach nach Randersacker.
Länge: Etwa 23 km.
Dauer: Ohne Pausen und Besichtigungen 2–2 1/2 Std.
Höhenunterschied: Rund 100 m.
Markierung: Winterhausen–Eibelstadt und Randersacker–Winterhausen: Maintal-Radweg (»MR«).
Familie: Die Tour hat einige steile Passagen, die erst für Kinder ab 12 Jahren geeignet sind.
Saison: Das ganze Jahr über möglich. Besonders empfehlenswert Mai–Okt.
Variante: Wer das etwas beschwerliche Teilstück von Eibelstadt über Lindelbach vermeiden will, bleibt während der Hinfahrt hinter Eibelstadt auf dem Maintal-Radweg.
Anfahrt: *Kfz:* Auf der B 13 (Würzburg–Ochsenfurt) bis zur Abzweigung nach Winterhausen. Hier zu den Parkplätzen am Bahnhof. *ÖPNV:* Mit dem Zug auf der Strecke Ansbach–Würzburg zum Bahnhof Winterhausen.

Kirchenpatron als Namensgeber

Unsere Radtour beginnt am Bahnhof von Winterhausen. Der Ort und das benachbarte Sommerhausen auf dem gegenüberliegenden Mainufer hatten vor langer Zeit den gemeinsamen Namen »Ahausen«, bis sich die Bewohner entschlossen, die Orte mit Hilfe ihrer Kirchenpatrone namentlich zu unterscheiden. Die Bezeichnungen Sommer- und Winterhausen sollen entstanden sein, weil Bartholomäus sein Patroziniumsfest im Sommer und Nikolaus das Seine im Winter hat.

Vom Bahnhof aus fahren wir den Bahnberg hinunter, biegen dann rechts in die Heidingsfelder Straße und fahren über die Mainbrücke. Am Brückenende halten wir uns links und biegen auf dem schmalen Fußweg rechts in den Maintal-Radweg Richtung Eibelstadt ein.

Linker Hand fließt der Main, rechter Hand befinden sich viele steile Weinberge. Die befestigte Fahrspur ist breit und eben, schon nach gut 15 Minuten ist der Turm der Eibelstadter St.-Nikolaus-Kirche zu sehen. Nun biegen wir rechts durch das Maintor in den Ort ein und verbringen etwa eine Stunde mit der Besichtigung dieses bemerkenswerten Mainstädtchens.

Mittelalterliches Eibelstadt

Zunächst umfahren wir die vollkommen erhaltene, anderthalb Kilometer lange Ringmauer auf dem Oberen und Unteren Graben. Etliche der ursprünglich 14 Türme sind verpachtet. Entlang der Stadtmauer wurden schmucke kleine Gärten angelegt, überhaupt ist Eibelstadt reichlich mit Blumen geschmückt. An Toren und Türmen sowie an allen wichtigen Sehenswürdigkeiten hat man Tafeln angebracht, die über die interessante Geschichte der einzelnen Gebäude informieren.

Später fahren wir in die Hauptstraße und stellen das Rad auf dem Marktplatz ab. Und nun bummeln wir einfach durch die Straßen und Gässchen, vorbei am Rathaus, an der Mariensäule und der Kirche, am Mesnerhaus, am Präsenzhof und am ehemaligen Badhaus. Mit vielen weiteren Sehenswürdigkeiten wird die Zeit wie im Flug vergehen.

Wer jetzt bequem und schnell nach Randersacker kommen möchte, kehrt auf den Maintal-Radweg zurück. Ansonsten radeln wir durch die Falltorstraße zur Wilhelm-Doles-Straße, lassen die Kreuzkirche links liegen und biegen etwas später in die Lindelbacher Straße ein. Die Strecke bis Randersacker ist ab hier nicht mehr markiert, also aufpassen!

Bis Lindelbach geht es ziemlich steil bergauf, immerhin sind 100 Meter Höhenunterschied zu überwinden. Rechts liegen Weinhänge, der Blick auf das breite Maintal wird immer faszinierender.

Ist die Anhöhe geschafft, fahren wir links nach Lindelbach hinunter, durchqueren den alten Weinort, biegen rechts in die Untere Buxstraße ab und anschließend gleich wieder links in den Steinweg.

Wir befinden uns nun auf einem Höhenrücken mit Feldern und kleineren Waldstreifen. Der befestigte Weg schwenkt bald nach rechts, bald nach links. Nach dem Unterfahren der Autobahn tauchen etwas später rechter Hand Wohnhäuser auf, die bereits zum drei Kilometer entfernten Theilheim gehören. Hier radeln wir auf dem Querweg links weiter und bleiben stets auf dem befestigten Weg. Dieser wird dann zum Feldweg und ist zum Schluss nur noch grob geschottert. Hier lieber kurz absteigen und das Rad schieben!

Bald darauf stehen wir oberhalb der Weinlage Sonnenstuhl. Rebstöcke, so weit das Auge reicht. Wir fahren die geteerte Weinstraße hinunter. Nach Randersacker ist es nicht mehr weit. Links befinden sich die Gebäude der Winzergenossenschaft, rechts liegt die Gaststätte Sonnenstuhl. Doch vor der Abfahrt ins Tal – es sind nur einige hundert Meter – lohnt sich ein kleiner Umweg zum Sonnenstuhlturm. Wir radeln einfach oberhalb der Rebhänge nach rechts weiter und genießen von hier aus den wunderschönen Blick auf Randersacker und die Weinlagen Marsberg und Phülben.

Dann radeln wir wieder zurück und fahren den Weinbergweg bis zur Straße Am Sonnenstuhl bequem hinab. In kaum zehn Minuten ist der alte Ortskern von Markt Randersacker erreicht.

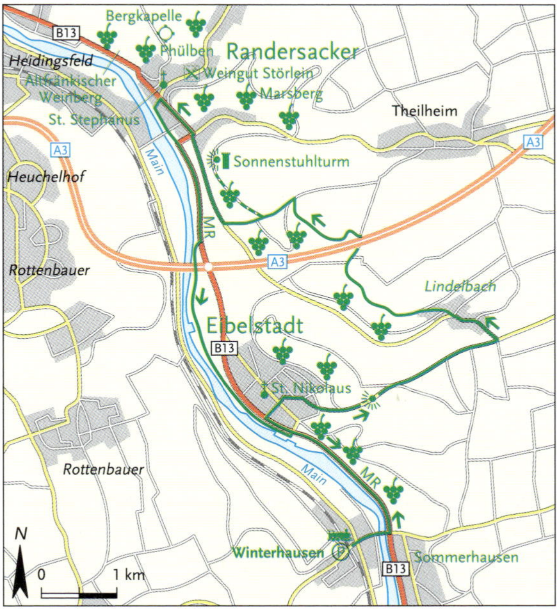

Randersacker – ein Weinparadies

Markt Randersacker mit den herrlichen Weinlagen Sonnenstuhl, Pfülben, Teufelskeller, Lämmerberg, Ewig Leben, Dabug und Marsberg, dem früheren Spielberg, zählt zu den größten und besten Weinanbaugebieten in Franken. Wie aus der Ortschronik hervorgeht, war der Wein hier bereits im Jahr 779 heimisch und hat entscheidend zum Wohlstand seiner Einwohner beigetragen. Randersacker liegt im Scheitelpunkt von drei Tälern, die allesamt von Weinhängen umsäumt sind. Ein Ausflug in dieses Weinparadies ist für jeden Liebhaber edler Tropfen eigentlich ein absolutes Muss.

»Hineingebaut in Stein und Wein«

So hat der Chronist Bruno Rottenbach 1979 anlässlich der Feier zum 1200-jährigen Weinanbau in Randersacker den Ort charakterisiert. Und in der Tat, Wein und Randersacker gehören untrennbar zusammen. Begünstigt durch die nach Süden ausgerichteten Steilhänge kann der Wein auf den hier befindlichen Muschelkalkböden optimal gedeihen. Kein Wunder, dass von Anfang an nicht nur Bischöfe und Klöster rund um Randersacker Grundbesitz und Rechte erwarben, sondern auch das Haus Hohenlohe sowie die Grafen von Castell und Seinsheim. Man wusste die Qualität des bei »Randersachere« erzeugten Weins zu schätzen, wie auch die oft zitierten Verse verraten:

Trink aus Randersackerer Lagen
Der Trauben unverfälschten Saft.
Vor Krankheit wird er dich bewahren
Und stählen deine Lebenskraft.

Die Gemeindeverwaltung von Randersacker hat einen kleinen Prospekt mit der Beschreibung eines Rundgangs durch den Ort ausgearbeitet, doch auch ohne diese Hilfe lassen sich die Sehenswürdigkeiten – der Balthasar-Neumann-Pavillon, der alte Rathausbogen, die Pfarrkirche St. Stephanus, der Zehnthof oder der Mönchshof – leicht ausfindig machen, da alle Highlights mit Hinweisschildern versehen sind. Am wichtigsten ist es, die wunderbare Atmosphäre dieses so geschichtsträchtigen Winzerortes aufzunehmen: die von Reben umrankten Häuser,

Eibelstadt am Main

die winkligen Gässchen mit Nischen und Torbögen, alte Hausinschriften und Heiligenfiguren, Winzerhöfe, Weinstuben und Heckenwirtschaften.

Vor der knapp einstündigen Rückfahrt nach Winterhausen auf dem Maintal-Radweg könnte zweierlei auf dem Programm stehen. Zunächst wäre da ein Abstecher zur Bergkapelle hoch über Randersacker. Hier beginnt auch der neu eingerichtete Weinlehrpfad auf dem Phülben, dem »König« unter den Randersackerer Weinlagen. Besonders sehenswert auf dieser Route ist der »altfränkische Wengert«, ein Museumsweingarten, auf dem zehn alte Rebsorten wie in früheren Zeiten gezogen werden. Jeder Weinstock ist an einem Pfahl befestigt, bearbeitet wird die Parzelle nur mit einfachsten Arbeitsgeräten und ökologischen Schädlingsbekämpfungsmitteln.

Vor Beginn der Rückfahrt könnte man natürlich auch in ein historisches Weinlokal einkehren, um die ausgezeichnete Randersackerer Gastronomie und einen der edlen Weine zu genießen.

Wer Sommerhausen noch nicht besucht hat, wird es sich nicht nehmen lassen, ganz zum Abschluss auch diesem Städtchen einen Besuch abzustatten. (siehe Tour 13)

Weinempfehlung

Es ist der in Franken relativ selten angebaute Schwarzriesling, der auf den Weinhängen von Randersacker gut gedeiht: ein trockener Qualitätswein der Lage Sonnenstuhl, erzeugt vom *Weingut Störrlein* und dort jederzeit käuflich zu erwerben, ausgeschenkt im *Gasthof Bären*, einem herrlichen alten Wirtshaus mit bezauberndem Innenhof.

Thilo Castner

Informationen:

Stadtverwaltung Eibelstadt, Marktplatz 2, 97246 Eibelstadt, Tel. 0 93 03/9 06 10, www.eibelstadt.de

Tourist-Information Randersacker, Maingasse 9, 97236 Randersacker, Tel. 09 31/70 53 17, www.randersacker.de

Weingut J. Störrlein und Krenig, Schulstr. 14, 97236 Randersacker, Tel. 09 31/70 82 81, www.stoerrlein.de

Einkehrtipp:

Gasthof Bären, Würzburger Str. 6, 97236 Randersacker, Tel. 09 31/7 05 10, www.baeren-randersacker.de, Mo–Sa 11.00–24.00, So 11.00–15.00, warme Küche Mo–Do 11.30–21.30, Fr–Sa bis 22.00, So bis 14.30, Vesperkarte Mo–Sa bis 22.30.

Buchtipp:

Bruno Rottenbach: *Chronik Markt Randersacker*, Markt Randersacker 1998.

Karte:

Fritsch Wanderkarte 1:50 000, Nr. 83 Landkreis Würzburg.

Im Herzen des fränkischen Weinbaus

15

Tour: Gemütliche Wanderung von Kitzingen zum Sulzfelder Weinlehrpfad.
Länge: Rund 10 km.
Dauer: Reine Gehzeit 2 1/2–3 1/2 Std.
Höhenunterschied: Ca. 70 m.
Markierungen: Kitzingen–Sulzfeld: Mainwanderweg (»M«).
Familie: Für jede Altersstufe geeignet.
Saison: Nur lohnend Mai–Okt.
Anfahrt: *Kfz:* Auf der A 3 bis Ausfahrt Kitzingen/Schwarzach, von da über den Ortsteil Etwashausen zum Kitzinger Bahnhof. Hier Parken. *ÖPNV:* Mit dem Zug zum Bahnhof Kitzingen.

Ein fränkisches Weinzentrum

Die Stadt Kitzingen, ähnlich wie Würzburg seit Jahrhunderten ein Zentrum des fränkischen Weinhandels, liegt im Schnittpunkt alter Handelsstraßen. Der Kitzinger Klosterkeller in der Poststraße gilt als ältester Weinkeller Deutschlands. In keinem fränkischen Bezirk wird so viel Wein angebaut wie im Landkreis Kitzingen.

Das Maintal entlang

Wir starten unsere Wanderung am Kitzinger Bahnhof, biegen mit der Markierung »M« (Mainwanderweg) rechts in den Amalienweg und kurz darauf gleich wieder rechts in den engen Fußweg ein. Nach der Bahnunterführung überqueren wir die Straße und gehen weiter geradeaus. Nach einigen hundert Metern geht es dann mit der Markierung links in den Fronbergweg. Zehn Minuten später sind 99 zum Teil hohe Stufen zu überwinden, es ist also Vorsicht geboten. Anschließend links halten, die Verbindungsstraße Kitzingen–Sulzfeld überqueren, auf dem Rad- und Fußweg ein paar Meter nach rechts laufen und dann gleich wieder links einschwenken. Es ist alles gut markiert.

Die zwei Kilometer bis Sulzfeld sind äußerst kurzweilig. Links der Main, rechts die mit Rebflächen bedeckten Anhöhen, davor Sonnenblumenfelder, Gemüse- und Schrebergärten. Schon von Weitem ist die Sulzfelder Kirchturmspitze zu sehen. Im Ort laufen wir durch das Obere Maintor zum Marktplatz, vorbei am prächtigen Rathaus, dann durch die Zehntgasse, anschließend die Peuntgasse entlang und durch das Erlacher Tor. Hier beginnt der Sulzfelder Weinwanderweg, Weinlage Maustal.

Wir laufen die Erlacher Straße geradeaus, halten uns an der Gabelung links und wandern den schmalen Hohlweg hinauf. Kaum zu glauben, dass diese Strecke einst eine wichtige Handelsstraße nach Ochsenfurt war. Wie die erste Informationstafel erläutert, hält sich in solchen Hohlwegen ein relativ kühles und luftfeuchtes Kleinklima.

Eine vielfältige Kulturlandschaft

Hinter dem Hohlweg beginnen die Rebflächen. Wir haben einen faszinierenden Blick bis in den Steigerwald. Alle hier angebauten Weinsorten werden ausführlich vorgestellt: Riesling,

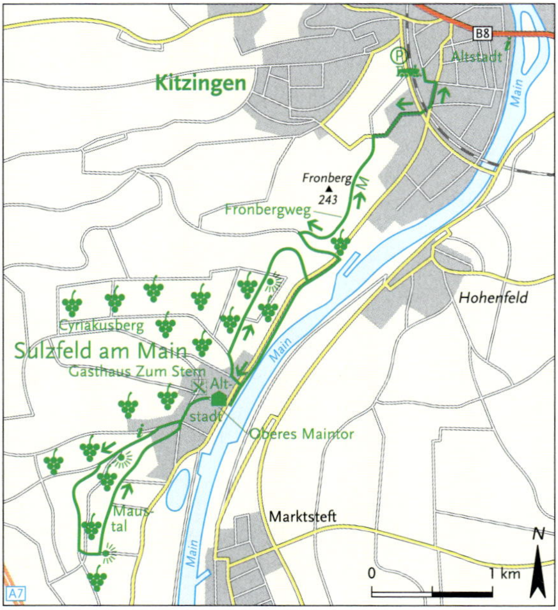

Rebflächen auf dem Weg zwischen Kitzingen und Sulzfeld

Bacchus, Silvaner, Dornfelder, Kerner, Müller-Thurgau, Domina, Traminer und Spätburgunder. Die Weinberge sind uralt, durchzogen von Mauern und Stufen, von Steinriegeln, Böschungen und Rainen. Um moderne technische Geräte verwenden zu können, musste zwar manche Stützmauer beseitigt werden, doch die Eigenart des alten Weinbergs blieb erhalten.

Die Südlage der Rebhänge lässt nicht nur Spitzenweine reifen, sondern bietet auch Flora und Fauna ideale Entfaltungsmöglichkeiten. Auf anderthalb Hektar können sich bis zu 130 Bienen-, 50 Schmetterlings- und über 30 Vogelarten tummeln. Rund 300 Pflanzenarten wurden gezählt.

Nach gut einem Kilometer ist der Aussichtspunkt mit überdachter Terrasse, Bänken und Tischen erreicht. Hier sollte man eine kleine Rast einlegen.

Zurück nach Sulzfeld geht's zunächst erneut durch einen Hohlweg. Am Ende des Weinlehrpfads, nach der zwölften Hinweistafel, nicht nach rechts abbiegen, sondern links weitergehen, in 15 Minuten ist Sulzfeld erreicht.

Sulzfeld erleben

Wer sich jetzt mit Speis und Trank verwöhnen lassen will, sucht am besten das *Gasthaus und Weingut Zum Stern* in der Peuntgasse auf. Der Fachwerkbau stammt aus dem 15. Jahrhundert und verfügt über gemütliche Gastzimmer, einen schattigen Biergarten und eine exzellente Küche.

Vor oder nach der Einkehr im *Stern* steht ein Spaziergang durch das Winzerstädtchen auf dem Programm. Zunächst geht es auf der Innenseite der 900 Meter langen Wehranlage, die mit 21 Türmen und drei Toren bestückt ist, entlang. Dann durchstreifen wir einfach kreuz und quer die engen Gässchen, spazieren zum großartigen Renaissance-Rathaus, zur Kirche, einer ehemaligen Kirchenburganlage, dann zum Eselshof, in die Papiusgasse und zum Winzerhäusle, dem ältesten Gebäude Sulzfelds. Es ist alles so adrett und farbenfroh hergerichtet, über und über mit Blumen und Tonfiguren geschmückt, dass nur ein Banause hier nicht in Begeisterung gerät.

Zum Rückweg nach Kitzingen laufen wir durch das Obere Maintor und neben der Straße flussaufwärts, bis links die Turmstraße abzweigt. Ein kurzes Stück geht es hinauf und gleich rechts in die Stenderstraße, und nach Erreichen der Weinberge biegen wir rechts ab. Dann wandern wir immer geradeaus, wieder mit schöner Sicht auf den Main und das Maintal. Nach etwa 20 Minuten laufen wir durch das kleine Wäldchen und folgen dem Rundweg, bis die Verbindungsstraße Sulzfeld–Kitzingen erreicht ist. Jetzt geht's gut 100 Meter die Straße entlang, bis wir auf den Mainwanderweg stoßen, den wir bereits kennen und der uns zum Kitzinger Bahnhof zurückbringt.

Ein Abstecher in Frankens Weinhandelsmetropole

Wer vom Wandern und Schauen müde ist, wird die Heimreise antreten – ein Kurzbesuch in Kitzingen wäre allerdings auch nicht schlecht. Also laufen wir die Friedrich-Ebert-Straße in Richtung Zentrum. Nach wenigen Minuten stehen wir vor dem Falterturm mit der schiefen Haube, Heimstätte des Deutschen Fastnachtmuseums. Es geht die Falter- und Ritterstraße weiter, bis links die Herrenstraße abzweigt, und schon ist der schönste Teil der Kitzinger Altstadt mit Renaissance-Rathaus, Alter Mainbrücke, Synagoge, Konditorei-Museum, Grabkirche, Klosterkeller und etlichen imposanten Bürgerhäusern erreicht. Wer alles genauer kennen lernen möchte, holt sich bei der Tourist-Information an der Alten Mainbrücke Prospekte und einen Stadtplan. Kitzingen ist allemal einen Besuch wert, und sei es nur für ein bis zwei Stunden.

Weinempfehlung

Natürlich ist es diesmal ein Wein vom Sulzfelder Maustal, und zwar der Traminer Kabinett, ein kräftiger und würziger Tropfen mit hohen Öchslewerten, ausgeschenkt und zu kaufen im Sulzfelder *Weingut und Gasthaus Zum Stern*.

Thilo Castner

Informationen:

Tourist-Information Kitzingen, Schrannenstr. 1 (an der Alten Mainbrücke), 97318 Kitzingen, Tel. 0 93 21/92 00 19, www.kitzingen.info

Alter Kitzinger Klosterkeller, Alte Poststr. 6, 97318 Kitzingen. Zwecks Besichtigung Anmeldung über Tel. 0 93 21/9 16 90.

Deutsches Fastnachtmuseum, Luitpoldstr. 4, 97318 Kitzingen, Tel. 0 93 21/2 33 55, www.deutsches-fastnachtmuseum.byseum.de, Di und Do–So 13.00–17.00, Mi bis 18.00, letzter Einlass 1/2 Stunde vor Schließung.

Einkehrtipp:

Gasthaus-Weingut Zum Stern, Peuntgasse 5, 97320 Sulzfeld a. M., Tel. 0 93 21/1 33 50, www.stern-sulzfeld.de, Mo und Mi ab 16.00, Do–So ab 11.00.

Extras:

Am ersten Aug-Wochenende ist in Sulzfeld rings um das Rathaus Straßenweinfest.

Kellerführung in der ältesten Weinkellerei Kitzingens im *Weingut Bernhard Völker*, Güterhallstr. 10, 97318 Kitzingen, Tel. 0 93 21/41 94, www.voelkerwein.com

Buchtipp:

Hans Bauer (Hg.): *Kunst- und Kulturführer durch den Landkreis Kitzingen*. Kitzingen 1986.

Karte:

Fritsch Wanderkarte 83 (Landkreis Würzburg) 1:50 000.

16 Muskatzinen und Loreto

Tour: Rundwanderung von Dettelbach nach Effeldorf und Mainsondheim.
Länge: Rund 17 km.
Dauer: Reine Gehzeit 4–4 1/2 Std.
Höhenunterschied: Etwa 100 m.
Markierungen: Dettelbach Bahnhof–Dettelbach: fliegender Vogel, dann sitzender Vogel; Dettelbach–Dettelbach Bahnhof: sitzender Vogel, dann fliegender Vogel. Die Markierung ist aber lückenhaft, deshalb den Text sorgfältig lesen.
Familie: Die Wanderung setzt eine gute Kondition voraus. Für Kinder erst ab 12 Jahren geeignet.
Saison: Das ganze Jahr über möglich. Besonders lohnend Jun–Aug.
Besonderheiten: Bei heißem Wetter leichte Kleidung anziehen. Sonnenschutzmittel und genügend Getränke einpacken.
Anfahrt: *Kfz:* Auf der A3 bis zur Ausfahrt Rottendorf, dann kurz über die B8 zur B22 und anschließend links nach Dettelbach Bahnhof. Hier parken. *ÖPNV:* Mit dem Zug auf der Strecke Würzburg–Kitzingen bis Dettelbach Bahnhof.

Muttergotteskirche in Effeldorf

Vom Bahnhof Dettelbach wenden wir uns nach links Richtung Effeldorf, rechts neben der Straße ist ein Fuhrweg. Das kleine Dorf mit einigen schönen Stein- und Fachwerkhäusern und viel Blumenschmuck hält eine echte Überraschung bereit: die einzige Loreto-Kirche Unterfrankens.

Loreto kommt vom lateinischen *laurentum* (Lorbeer). Nach einer christlichen Legende brachten Engel Ende des 13. Jahrhunderts das Haus der Gottesmutter aus Nazareth in die italienische Region Marken, mitten in einen Lorbeerwald. Seitdem ist Loreto einer der bedeutendsten Wallfahrtsorte Italiens geworden. In zahlreichen Orten wurde später die Kirche von Loreto nachgebaut, so auch in Effeldorf.

Eine Oase der Ruhe

Am Ortsende, gegenüber der Kirche, geht es jetzt mit der Markierung Fliegender Vogel links auf breitem Fuhrweg Richtung Bibergauer Höh. Die Hochebene wird intensiv landwirtschaftlich genutzt – keine Wiesen, aber Feld an Feld, Getreide, Mais, Zuckerrüben und Sonnenblumen. Hoch oben kann man mitunter einen nach Beute spähenden Raubvogel beobachten, ab und zu flattert ein aufgescheuchtes Rebhuhn eilig davon. Der Blick reicht weit in die Ferne, über die Maintalhöhen bis zum Schwanberg.

Nach etwa einem Kilometer zweigt der Weg im rechten Winkel nach rechts ab, gut 20 Minuten später erreichen wir den Obstverkauf Zörner und überqueren die Verbindungsstraße Bibergau–Euerfeld.

Im Sommer, kurz vor der Ernte, schillert die Hügellandschaft in vielen Farben: goldgelb der Weizen, dunkelgrün der Mais, braungrau der Roggen. Eine wunderbare Stille liegt über der Landschaft, unterbrochen allenfalls vom Motorengeräusch eines Traktors. In dieser bäuerlichen Welt bestimmt noch die Natur den Ablauf der Dinge.

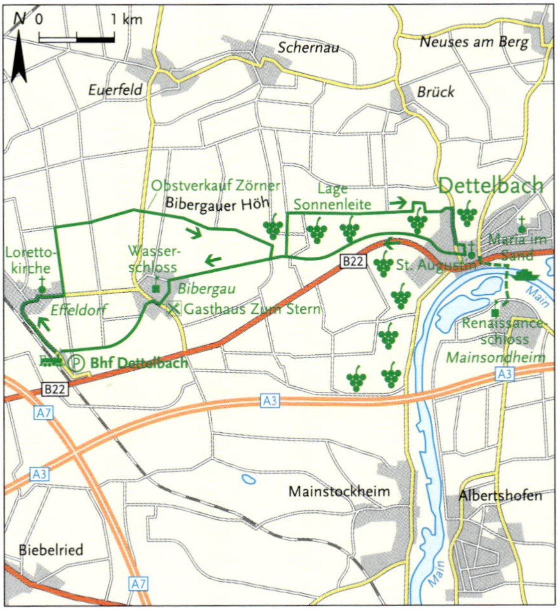

Rund zwei Kilometer nach dem Obstcenter biegt der Weg erneut scharf nach rechts ab, kurz darauf erreichen wir die Verbindungsstraße Bibergau-Dettelbach. Wir gehen Richtung Dettelbach weiter und biegen nach knapp 100 Metern links auf den Fuhrweg ein. Eine kleine Anhöhe ist zu nehmen, links taucht der erste Weinberg auf, dahinter kann man die Dächer von Bibergau erkennen.

Kurz vor Dettelbach

Wir schwenken ein wenig später auf einer geteerten Straße nach rechts ein und stoßen bald auf die Weinberge Dettelbachs, Lage Sonnenleite. Hier reift eine vortreffliche Rebe, denn der steil abfallende Südhang fängt die Sonnenstrahlen optimal ein. Wir gehen die befestigte Weinstraße weiter, folgen erst der Links-, dann der Rechtskurve, laufen vorbei an Pferdekoppeln, kommen auf der Josef-Kram-Straße zur Bergstraße und schließlich auf die Schweinfurter Straße, die uns ins Zentrum von Dettelbach führt.

Eine weinfränkische Besonderheit

Der Ort verkörpert in idealer Weise die Eigentümlichkeiten eines mainfränkischen Winzerstädtchens. Rings um Dettelbach befinden sich 140 Hektar Rebfläche auf der Großlage Honigberg, zu der neben der Lage Sonnenleite auch die Lage Berg Rondell gehört. Der hier ausgeschenkte Wein, so versichern die Einheimischen, schmeckt besonders gut mit Muskatzinen, einem süß gewürzten Gebäck, das Bäckermeister Urban Degen vor 100 Jahren erfand und das es ausschließlich in Dettelbach gibt. Angeblich tragen Muskatzinen zur Bekömmlichkeit des Dettelbacher Weins bei. In einem der zahlreichen Weinhöfe und Weinlokale lässt sich leicht herausfinden, ob diese Behauptung stimmt.

Dettelbacher Highlights

Natürlich gibt es in Dettelbach viel zu sehen. Darum sollte man vom Angebot des Kultur- und Tourismusamts Gebrauch machen und sich einen Stadtplan sowie ein paar Tipps holen. Unbedingt besichtigen sollte man das spätgotische Rathaus und den Rathaussaal wie auch das Wahrzeichen der Stadt, die

Pfarrkirche St. Augustin mit den zwei ungleichen Türmen. Unterhalb der Kirchenmauer erinnert ein Pranger daran, wie man einst mit »böse Leut« umgegangen ist. Anschließend besichtigen wir die gut erhaltene Stadtmauer mit ursprünglich 52 Türmen und drei Toren und schlendern durch die kopfsteingepflasterten Gassen. Wir bestaunen die schönen Fachwerkhäuser, kehren abschließend irgendwo ein und genießen die herrliche Atmosphäre eines weinumrankten Innenhofes.

Etwas außerhalb des alten Stadtkerns, nur fünf Minuten vom Faltertor entfernt, liegt die Wallfahrtskirche »Maria im Sand«. Julius Echter, der baubesessene Würzburger Fürstbischof, veranlasste den Kirchenbau vor 400 Jahren. Entstanden ist ein Gotteshaus im sogenannten Juliusstil, einer Verschmelzung von Elementen der Spätgotik, der Renaissance und des Barock. Typisch für diesen Stil sind die pompöse Westfassade und das großartige Portal. Im Inneren der Kirche beeindrucken vor allem die ungewöhnlichen Ausmaße des Gnadenaltars sowie die kostbare Alabaster-Kanzel.

Abstecher über den Main

Von der Wallfahrtskirche ist es nicht weit nach Mainsondheim. Wir begeben uns zurück zum Faltertum und hinunter zur Bamberger Straße, kreuzen die B 22 und fahren mit der Fähre über

Dettelbacher Weinpresse aus dem Jahr 1728

den Main. Von der Anlegestelle auf der linken Mainseite sind es bis Mainsondheim nur gut 200 Meter. Hier fällt vor allem das Renaissanceschloss der Freiherren von Mauchenheim mit seinen drei Türmen inmitten einer Parkanlage auf.

Der Rückweg zum Bahnhof Dettelbach ist mindestens eine halbe Stunde kürzer als der Herweg. Mit der Fähre setzen wir wieder auf die rechte Mainseite über und folgen vom Dettelbacher Rathaus der Würzburger Straße, biegen in die Nachtigallenstraße ein und laufen anschließend immer geradeaus bis Bibergau. Die fünf Kilometer auf der kaum befahrenen Landstraße sind keineswegs langweilig, denn malerische Hügelketten säumen den Weg.

Stopp in Bibergau

In diesem Bauerndorf scheint die Zeit stehen geblieben zu sein. Hier gibt es noch den Vollzeitbauer, der für und von der Landwirtschaft lebt. Im Ortszentrum befindet sich ein schmuckes Kirchlein und gleich daneben das ehemalige Wasserschloss, das 2003 von den neuen Eigentümern aufwendig restauriert wurde, sodass es jetzt wieder im alten Glanz erstrahlt.

In Bibergau gehen wir die Ritterstraße bis zum *Gasthaus Zum Stern*, biegen dann in die Muckengasse ein und laufen danach auf dem breiten Fuhrweg rechter Hand immer geradeaus weiter, bis zur Verbindungsstraße Effeldorf–Dettelbach Bahnhof. Von hier aus ist der Ausgangspunkt unserer Rundwanderung in wenigen Minuten erreicht.

Weinempfehlung

Vorzüglich gemundet hat mir der Silvaner Kabinett, Lage Dettelbacher Honigberg, ein trockener, vollmundig-fruchtiger Wein vom *Winzerhof Rüthlein*, der dort jederzeit zu kaufen ist. Ausgeschenkt wird dieser edle Tropfen auch im *Gasthof Grüner Baum* sowie in der *Weinstube Alte Schmiede* in Dettelbach.

Thilo Castner

Information:

Tourist-Information Dettelbach, Rathausplatz 6, 97337 Dettelbach, Tel. 0 93 24/35 60, www.dettelbach.de

Winzerhof Rüthlein, Sommeracher Weg 4, 97337 Dettelbach, Tel. 0 93 24/7 75, www.winzerhof-ruethlein.de, Weinverkauf Mo–Sa 10.00–18.00, So und Fei nach Vereinbarung.

Einkehrtipps:

Gasthaus Zum Stern, Muckengasse 1, 97337 Dettelbach, Tel. 0 93 24/17 33 oder 0 93 24/40 72, www.gasthaus-stern-bibergau.de, Di–Mi und Fr–Sa 17.00–23.00.

Gasthof-Hotel Grüner Baum, Falterstr. 2, 97337 Dettelbach, Tel. 0 93 24/9 72 30, www.gruener-baum-dettelbach.de, Di–Sa 11.00–14.00 und ab 17.00, So 11.00–15.00.

Hotel-Weinstube-Restaurant Alte Schmiede, Am Bach 5–7, 97337 Dettelbach, Tel. 0 93 24/9 81 10, www.alte-schmiede-dettelbach.de, Fr–Mi 11.00–14.00 und ab 17.00.

Extras:

Von Fronleichnam bis zum folgenden So ist Altstadtweinfest in Dettelbach.

Das Kultur- und Verkehrsamt in Dettelbach vermittelt Stadtführungen, Kirchenführungen in der Wallfahrtskirche, Weinbergführungen sowie Weinproben und Kutschfahrten durch die Weinberge.

Buchtipp:

Hans Bauer: *Dettelbach und seine Ortsteile,* Kitzingen 1983.

Karte:

Fritsch Wanderkarte 1:50 000, Nr. 83 Landkreis Würzburg.

17 Fromm und trinkfest

Tour: Mittelschwere Rundwanderung von Sommerach über Schloss Hallburg und Nordheim.
Länge: Ca. 14 km.
Dauer: Reine Gehzeit 3 1/2–4 Std.
Höhenunterschied: Insgesamt 150 m.
Markierung: Sommerach–Hallburg: grünes Schild: Hallburg. Hallburg–Nordheim: grünes Schild: Nordheim. Nordheim–Sommerach: Rebsortenlehrpfad, anschließend Weg »G«.
Familie: Kann bei heißem Wetter für kleine Kinder sehr anstrengend sein. Ansonsten für jedermann geeignet, der längeres Gehen gewohnt ist.
Saison: Anfang Mai–Ende Okt.
Besonderheiten: Bei großer Hitze Kopfbedeckung und ausreichend Erfrischungsgetränke mitnehmen.
Anfahrt: *Kfz:* Auf der A 3 bis Ausfahrt Kitzingen/Schwarzach, dann Richtung Volkach. Parken südlich des Maintors in Sommerach nahe Camping- und Sportplatz. *ÖPNV:* Mit der Bahn bis Kitzingen, anschließend mit der Buslinie 8110. An Wochenenden ist der Busverkehr allerdings stark eingeschränkt.

Die fränkische Weininsel

Das Weinanbaugebiet südlich von der Volkacher Mainschleife zwischen Nordheim und Sommerach zählt mit den Lagen Katzenkopf, Rosenberg, Engelsberg, Vögelein und Kreuzberg zu den größten und ergiebigsten Rebflächen im Frankenland. Hier bestimmt der Wein seit Jahrhunderten den Rhythmus des Alltags, das Denken und Tun der Menschen. Den Besucher erwartet ein Wein-Eldorado, eine paradiesische Weininsel, denn das Gebiet ist seit dem Bau des Mainkanals ringsum vom Wasser umgeben: im Norden, Westen und Süden vom Main, im Osten vom Kanal.

Zauberhaftes Sommerach

Wir starten vom Parkplatz durch das Maintor zu Sommerachs Hauptstraße. Hier ist auch die Bushaltestelle. Dann laufen wir die Volkacher Straße entlang, an der katholischen Pfarrkirche vorbei und anschließend immer dem Hinweisschild Hallburg nach.

In dem zauberhaften Weinort Sommerach leben 190 Winzerfamilien, und hier wurde auch 1901 die erste fränkische Winzergenossenschaft gegründet. Dass es den Bewohnern zumindest in früheren Zeiten – der Weinanbau wird seit dem 11. Jahrhundert betrieben – nicht eben schlecht ging, belegen die z. T. stattlichen Weingüter mit urgemütlichen Innenhöfen. Wahre Kunstwerke sind die herrlichen Toreinfahrten mit üppigem Rankenwerk und ausdrucksvollen Heiligenfiguren. Auch konnte sich nur eine sehr wohlhabende Gemeinde eine so prächtige Kirchenausstattung leisten, wie sie hier vorzufinden ist.

Der Weg von Sommerach nach Schloss Hallburg ist gut befestigt, selbst Kinderwagen können mitgenommen werden. Weinberg reiht sich an Weinberg – ein berauschender Anblick.

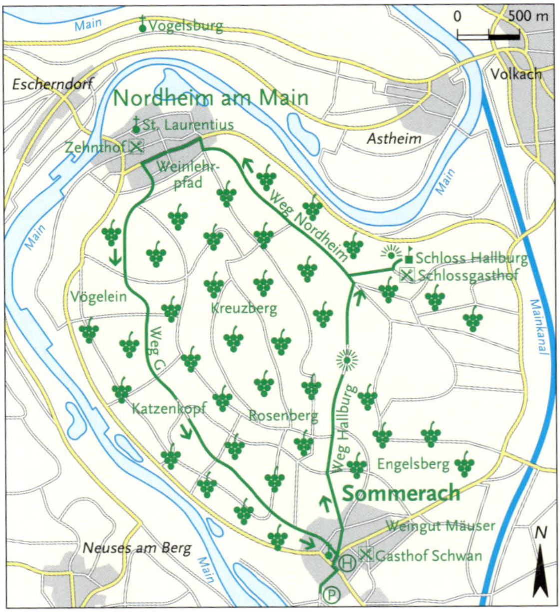

Auf dem höchsten Punkt, gut 60 Meter über Sommerach, eröffnet sich ein herrliches Panorama über die Mainschleife hinweg bis zur Vogelsburg (siehe Tour 18). Das erste Tagesziel, Schloss Hallburg, ist schon von Weitem zu erkennen. Nach knapp anderthalb Stunden, von Sommerach aus, sind wir da.

Kultur vom Feinsten in Hallburg

Der Unterbau des trutzigen Schlossturms hat gut und gerne 1 000 Jahre auf dem Buckel. Die Ursprünge des Burgbergs liegen im Dunkeln. Man geht jedoch davon aus, dass die Kelten den Berg einst als Fliehburg nutzten. Die Burg ging im Wirbel des Bauernkriegs unter, musste danach aber von den aufmüpfigen Bauern wieder aufgebaut werden. Das jetzige Schloss entstand im 17. Jahrhundert und fiel 100 Jahre später an die Grafen von Schönborn, die rings um das Schloss mit dem Weinanbau begannen.

Der köstliche Rebensaft wird heute im *Schlossgasthof* ausgeschenkt, selbstverständlich mit Schmankerln der fränkischen Küche. In den festlichen Sälen des Schlosses kommt es regelmäßig zu Hochzeitsfeierlichkeiten, im romantischen Garten zu feuchtfröhlichen Zecherrunden. Doch neben dem Kulinarischen fühlt man sich auf der Hallburg auch dem Kulturellen verpflichtet. Jeden Sonntag von Mai bis September beginnt um 11 Uhr im Garten ein zünftiger Jazz-Frühschoppen, immer dienstags erklingen Oldies.

Nach kurzer Einkehr gehen wir weiter gen Nordheim, jetzt mit dem gleichnamigen Hinweisschild. Jenseits des Mains liegt, oftmals leicht im Dunst, das viel besuchte Volkach, etwas weiter westlich ist der Blick frei auf die stolze Vogelsburg. Die vier Kilometer bis Nordheim sind bald geschafft, denn der Weg führt bergab, und schon öffnet sich ein neues Schatzkästlein.

Fromm und trinkfest, gläubig und lebensfroh

Kelten, Markomannen, Alemannen und Burgunder hatten sich hier angesiedelt, bis die Franken unter König Chlodwig Ende des 5. Jahrhunderts das Land einnahmen und ein Reihendorf gründeten, das später zu Nordheim wurde. Der Ort wurde urkundlich erstmals 918 erwähnt, als Bischof Dracholf den Mönchen vom nahen Münsterschwarzach zwei Weinberge schenkte.

Der *Zehnthof* in Nordheim

Zentrum und Höhepunkt des Winzerortes ist der dreiflügelige, reich mit Erkern und Schwunggiebeln verzierte *Zehnthof*, ein im 16. Jahrhundert errichteter Renaissancebau. Die imposanten Kreuzgewölberäume des ehemaligen Benediktinerklosters fungieren heute als exzellente Wirtshausstube, in der man mit dem Wein der Gegend und fränkischer Küche fürstlich bedient wird.

Die stilvollen Barockfassaden und Fachwerkgiebel der alten Weinhöfe im Dorf sind vorbildlich renoviert und beflügeln zu einem gemütlichen Rundgang. Die Pfarrkirche St. Laurentius entstand in etwa zur gleichen Zeit wie der Zehnthof, und die vielen Bildstöcke oder Marterln, im Ort wie in den Weinbergen, erinnern an die Frömmigkeit der Mainfranken.

Der Gottesfürchtigkeit der Einwohner stand allerdings nie eine ausgesprochen sinnesfrohe Lebensauffassung entgegen. Wie stark gerade in Nordheim der Weinanbau mit kultureller Blüte Hand in Hand ging und geht, wird bei einem Besuch der 2003 eröffneten *Vinothek* deutlich, einer Einrichtung der lokalen Winzergenossenschaft. Wein hat offenbar bis heute nicht nur den Durst gestillt, sondern viele Menschen auch zu außerordentlichen kulturellen Werken animiert. Das wird in der *Vinothek* sehr anschaulich dokumentiert.

Der Rückweg nach Sommerach beginnt im Osten Nordheims auf dem Weinsortenlehrpfad gleich neben dem *Weingut*

Karl Braun. Alle auf den Lagen Vögelein und Kreuzberg angebauten Trauben werden ausführlich beschrieben und charakterisiert. Der Lehrpfad endet an der Verbindungsstraße Sommerach–Nordheim. Wir schlagen den mit »G« gekennzeichneten Weinweg ein und erreichen Sommerach nach gut einer Stunde am Haus der Winzergenossenschaft, unweit der Kirche und des Ausgangspunkts unseres Ausflugs.

Einer Sünde käme es gleich, weder im *Zehnthof* noch auf der *Hallburg* geschlemmt zu haben. Auch Sommerach bietet in zahlreichen Gasthöfen, Heckenwirtschaften und Weinhöfen Verlockendes an. Wandern in Mainfranken ist eben voller Versuchungen.

Weinempfehlung

Aus dem reichhaltigen Sortiment der Sommeracher Weine habe ich mich für den Spätburgunder Lage Volkacher Sonnenleite entschieden, einen feinfruchtigen, halbtrockenen Kabinettwein mit kräftiger Geschmacksnote. Beziehen kann man diesen vorzüglichen Rotwein im *Weingut Münch* und trinken im Sommeracher *Gasthof zum Schwan.*

Von den Nordheimer Weinen empfehle ich den Riesling Nordheimer Vögelein, einen trockenen Kabinettwein, ausgeschenkt im *Zehnthof* und käuflich zu erwerben in der *Vinothek DIVINO Nordheim.*

Thilo Castner

Informationen:

Gemeindeverwaltung Sommerach am Main, Kirchplatz 4, 97334 Sommerach, Tel. 0 93 81/12 29, www.sommerach.de

Gemeindeverwaltung Nordheim am Main, Hauptstr. 15, 97334 Nordheim a. M., Tel. 0 93 81/28 66, www.nordheim-main.de

Weingut Karl Braun, Weinbergstr. 42, 97334 Nordheim, Tel. 0 93 81/12 30, www.weingut-braun.com

Weingut-Pension Münch, Sankt-Urban-Weg 4, 97334 Sommerach, Tel. 0 93 81/91 01, www.pension-sankt-urban.de

InfoVinothek Sommerach, Kirchplatz 3,

97334 Sommerach, Tel. 0 93 81/7 18 79 39, www.infovinothek-sommerach.de, März–Dez Mo–Fr 14.00–18.00, Sa–So und Fei 11.00–18.00.

Einkehrtipps:

Gasthof zum Schwan, Hauptstr. 10, 97334 Sommerach, Tel. 0 93 81/84 76 84, www.schwan-sommerach.de, tägl. 11.00–22.00.

Weinrestaurant-Romantikgarten Schloss Hallburg, Schloss Hallburg 5, 97332 Volkach, Tel. 0 93 81/23 40, Musik-Hotline 0 93 81/7 15 21 21, www.schlosshallburg.de, Jan–Feb Fr–So ab 11.00, März Mi–So ab 11.00, Apr–Okt Mo–Sa ab 11.00, So und Fei ab 10.30, Nov–Dez Mi–Fr ab 15.00, Sa–So ab 11.00.

Zehnthof zu Nordheim Weinstuben, Hauptstr. 2, 97334 Nordheim a. M., Tel. 0 93 81/17 02, Di–So und Fei 11.30–24.00, warme Küche 11.30–14.00 und 17.30–21.00.

Vinothek DIVINO Nordheim, Langgasse 33, 97334 Nordheim a. M., Tel. 0 93 81/8 09 90, www.divino-nordheim.de, Mo–Sa 9.00–18.00, So und Fei ab 10.00.

Extras:

Die *InfoVinothek Sommerach* bietet u. a. an: Rundgänge durch das Weindorf, Führung durch den Rebsortenlehrpfad, Rundgänge zu den historischen Bildstöcken und Flurdenkmälern und Weinbergführungen mit Weinverkostung.

Von Jul–Sep finden Weinfeste statt. Anmeldung und Auskünfte über die *InfoVinothek* und Gemeinde Sommerach.

Nordheim bietet an: In der Woche von Christi Himmelfahrt das Große Weinfest, ferner das Kulinarische Weinfest am zweiten Sep-Wochenende. Nähere Auskünfte über die Gemeinde Nordheim.

Karte:

Fritsch Freizeitkarte 1:50 000, Nr. 87 Landkreis Schweinfurt.

18 Fürsten und Lumpen

Tour: Kurze, aber anfangs anstrengende Wanderung von Escherndorf über die Vogelsburg nach Astheim und zurück.
Länge: Rund 8 km.
Dauer: 2–3 Std.
Höhenunterschied: Gut 100 m.
Familie: Der Aufstieg zur Vogelsburg erfordert eine gesunde Kondition. Für Kinder ab 10 Jahren geeignet.
Saison: Am schönsten Anfang Mai–Ende Okt.
Anfahrt: *Kfz:* Auf der A 3 bis Ausfahrt Kitzingen–Schwarzach, dann Richtung Volkach. Kurz vor Volkach links ab nach Nordheim. Parken an der Fähre nach Escherndorf. *ÖPNV:* Mit der Bahn bis Würzburg Hauptbahnhof, anschließend mit der Buslinie 8105. Haltestelle am ehemaligen Escherndorfer Rathaus.

Goethe und der Escherndorfer Wein

»Der uns bis jetzt von Euer Hochwohlgeboren übersendete Escherndorfer 1798er Wein hat den Beifall meines Vaters erworben, und wenn Sie uns mit dergleichen ferner versehen können, so wird es mir angenehm sein, meine Bestellungen erneuern zu können. Vorderhand ersuche ich Euer Hochwohlgeboren, uns abermals ein Zweieimerfaß von besagtem Escherndorfer 1798er Wein baldigst zu übersenden.«

So Goethes Sohn August an die Schweinfurter Weinhändler Will und Schwarz am 10. Juli 1815. Viele Jahre hat Goethe die besten Jahrgänge des Escherndorfer Weins genossen und nicht nur regelmäßig, sondern auch in großen Mengen bestellt, entweder eimerweise (1 Eimer = 64 Liter) oder auch, wie am 11. September 1821, gleich vier Ohme (ein Ohm = ca. 150 Liter).

Der größte Bocksbeutel der Welt

Geändert hat sich in Escherndorf, was die Qualität des Weins betrifft, seit Goethes Zeiten kaum etwas. Die ca. 400 Einwohner des Winzerdorfs leben nach wie vor vom Weinanbau, dessen Lagen Lump und Fürstenberg weltberühmt sind. Drei Faktoren waren und sind für die hohe Qualität des hier erzeugten Weins verantwortlich: der aus Muschelkalk, Lettenkeuper und Lößlehm zusammengesetzte Boden, die intensive Sonneneinstrahlung an den Steilhängen und das hohe Können der hier lebenden Menschen. So entstehen harmonische Weine mit hohem Öchslegrad und feiner Säure, ein Genuss für Weinliebhaber. Am nördlichen Ortseingang begrüßt der größte Bocksbeutel der Welt den Besucher.

Start der Wanderung ist an der Bushaltestelle vor dem ehemaligen Escherndorfer Rathaus. Autofahrer, die ihr Auto in Nordheim geparkt haben, setzen mit der Fähre über und gehen von der Anlegestelle in Escherndorf bis zur Kreuzung vor. Von hier aus rechts in die Astheimer Straße einbiegen. Kurz hinter dem Ortsende beginnt der Aufstieg zur Vogelsburg.

Die Vogelsburg

Jetzt geht's die Steintreppen hinauf, aber immer schön langsam. Wir genießen den fantastischen Ausblick auf das glitzernde Band des Mains, auf Escherndorf und Nordheim. Umgeben sind wir von der Weinlage Escherndorfer Lump, dem Glanzstück der

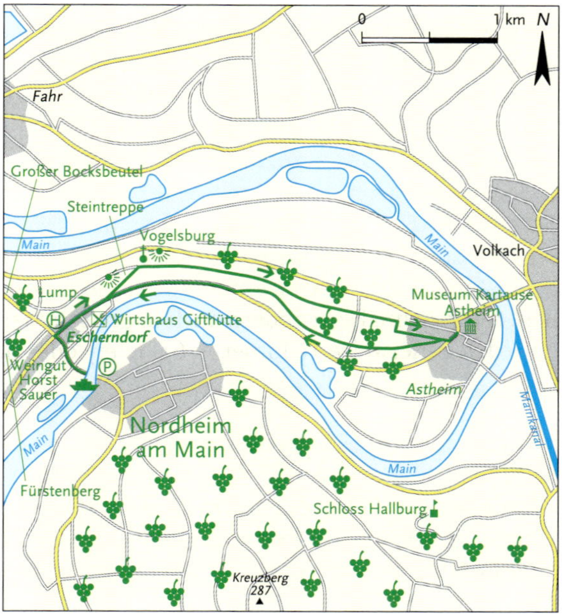

Rebhänge. Auch ein Städter versteht schnell, welche Mühsal nötig ist, um auf diesen schwer begehbaren Hängen ein Spitzenprodukt zu erzeugen.

Nach etwa einer halben Stunde ist es geschafft. Wir stehen vor der Vogelsburg, die in einer Urkunde aus dem Jahr 874 noch Fugalesburg hieß, was so viel wie »Fliehburg« bedeutet. In vorgeschichtlicher Zeit stand hier, hoch über dem Main, eine Höhenfestung der Kelten mit Gerichts- und Opferstätte, in die die Bewohner der Gegend flüchteten, wenn Gefahr drohte. Seitlich der Burganlage sind mit einiger Einbildungskraft wellenförmige Erhebungen zu erkennen, unter denen Reste des inzwischen abgetragenen Keltenwalls liegen sollen. Angeblich handelt es sich um das zweitälteste Bodendenkmal Bayerns.

Die Burg hat im Laufe der zurückliegenden 1 100 Jahre mehrfach den Besitzer gewechselt und etliche Zerstörungen erlebt. Im 9. Jahrhundert gründeten Benediktinermönche eine »Gotteszelle«, aus der später Kloster und Kirche hervorgingen. 1957 wurde die Anlage der Gemeinschaft der Augustinus-Schwestern übergeben, die sich seitdem um die Gäste kümmern und die Tradition des Ortes pflegen. Die Klosterräumlichkeiten werden als Begegnungs- und Besinnungsstätte genutzt.

Es ist so schön hier oben, dass man sich im Burggarten unter den schattigen Bäumen, möglichst nahe an der Burgmauer, ein Plätzchen zu ergattern sucht, um das hinreißende Panorama in Ruhe und entspannt zu würdigen, natürlich bei einem Schöppchen Vogelsburger Pforte, so der Name des hier nach streng ökologischen Prinzipien gewonnenen Weins.

Dann aber geht's weiter, auf dem Mainwanderweg Richtung Astheim, das in gut 30 Minuten erreicht ist. Auf der Blumenstraße laufen wir bis zur Escherndorfer Straße vor, biegen anschließend in die Kartäuserstraße ein, und schon ist das zweite Ziel des Tages, die Astheimer Kartause, erreicht.

Was ist eine Kartause?

1084 gründete Bruno von Köln einen Orden, der die Amtsbrüder verpflichtete, ihre Existenz ganz Gott zu widmen. Jeder Mönch verbrachte sein Leben fast ausschließlich in einer Zelle, die nur zu gemeinsamen Gebeten und zu gelegentlichen gemeinschaftlichen Mahlzeiten verlassen werden durfte. In Astheim besaßen die Kartäuser eigene Häuschen mit kleinem Garten, separater

Escherndorf zu Füßen der Vogelsburg

Wasserzufuhr und einigen Gegenständen wie Löffel, Brotmesser, Wasserkanne, Axt und Ahle. So konnte jeder Eremit für sich selbst sorgen und war auf keine Hilfe von außen angewiesen.

Von diesen Häuschen ist in Astheim heute leider nichts mehr vorzufinden, denn mit der Säkularisation Anfang des 19. Jahrhunderts verlor der Orden an Bedeutung. Erhalten geblieben ist jedoch die alte Klosterkirche, und hier hat die Diözese Würzburg 1999 ein Museum mit 600 Kunstwerken eingerichtet, die verdeutlichen, was in früheren Jahrhunderten an religiösen Objekten geschaffen wurde. Die ausgestellten Heiligenbilder, Bildstöcke, Reliquien, Hinterglasmalereien, Hausfiguren, Krippen, Ornate und Weihegaben belegen, mit welch unerschütterlicher Gläubigkeit und Gottergebenheit die Menschen im Bannkreis des Würzburger Fürstbischofs lebten und wohl auch leben mussten. Denn wer sich abseits stellte und die gebotene Frömmigkeit vermissen ließ, galt schnell als Ketzer und musste mit dem Schlimmsten rechnen.

Zum Rückweg nach Escherndorf begeben wir uns wieder zur Blumenstraße und nehmen dann den Mainschleifenweg 2 weiter geradeaus. Wir befinden uns jetzt auf halber Höhe, erneut inmitten schier endloser Rebhänge. Bei der Weggabelung geht's rechts hinauf zur Vogelsburg, wir nehmen die linke Abzweigung, die uns nach ein paar Minuten zu einem Fußweg entlang der Straße bringt, nur einen Steinwurf vom Mainufer entfernt. Kurz vor Escherndorf passieren wir das *Gasthaus Gifthütte* und sind nach einer Stunde von Astheim aus wieder am Ausgangspunkt.

Weinempfehlung

Das *Weingut Horst Sauer* in Escherndorf wartet mit zahlreichen Weinprämierungen auf. Wer hier den trockenen Silvaner, einen Kabinettwein Marke Escherndorfer Fürstenberg, verkostet hat, wird kaum umhinkönnen, sich ein paar Flaschen mitzunehmen.

Thilo Castner

Informationen:

Tourist-Information Volkach, im Rathaus, Marktplatz 1, 97332 Volkach, Tel. 0 93 81/4 01 12, www.volkach.de

Museum Kartause Astheim, 97332 Volkach, März–Okt Fr–So und Fei 14.00–17.00, Tel. 09 31/38 66 56 00, www.museen.bistum-wuerzburg.de

Weingut Horst Sauer, Bocksbeutelstr. 14, 97332 Escherndorf, Tel. 0 93 81/43 64, www.weingut-horst-sauer.de, Weinverkauf Mo–Fr 9.00–12.00 und 13.00–18.00, Sa 11.00–17.00.

Einkehrtipps:

Gaststätte Vogelsburg, Vogelsburg 1, 97332 Volkach, Tel. 0 93 81/30 20. Sanierung bis Sommer 2015.

Gasthaus zur Mainaussicht (»Gifthütte«), Astheimer Str. 51, 97332 Escherndorf, Tel. 0 93 81/12 66, www.gifthuette-escherndorf.de, Apr–Nov Di–Fr ab 17.00, Mai auch 12.00–14.00, Sa–So ganztägig, Jan–März Mi–Fr ab 17.00, Sa–So ganztägig, warme Küche 11.00–13.45 und 18.00–21.00.

Extras:

In Escherndorf findet am ersten Aug-Wochenende eine geführte Weinbergwanderung und von Mitte Sep–Mitte Nov der Weinherbst statt. Informationen unter www.escherndorf.de

Von Apr–Okt Weinbergs- und Kellerführungen angeboten. Informationen unter Tel. 0 93 81/24 95.

Karte:

Fritsch Freizeitkarte 1:50 000, Nr. 87 Lk Schweinfurt.

Eine Laune der Natur 19

Tour: Schifffahrt von Volkach nach Wipfeld und zurück mit anschließendem Stadtrundgang.
Dauer: Auf dem Schiff 90 Minuten. Stadtrundgang ca. 1–2 Std.
Familie: Für jede Altersstufe geeignet.
Saison: Ende März–Ende Sep.
Anfahrt: *Kfz:* Auf der A3 bis Ausfahrt Schwarzach/Kitzingen, dann weiter Richtung Volkach. Parken an der Mainbrücke, direkt neben der Anlegestelle. *ÖPNV:* Mit der Bahn bis Hauptbahnhof Würzburg, anschließend mit der Buslinie 8105 bis Volkach. Die Brückenstraße führt vom Marktplatz schnurgerade zur Mainbrücke.

Die Welt mit anderen Augen sehen

Auf einer Länge von über 500 Kilometern, vom Quellgebiet im Fichtelgebirge bis zur Mündung in den Rhein bei Mainz, schlängelt sich der Main in unendlich vielen, zum Teil höchst bizarren Windungen dahin. Wie aus einer Laune der Natur heraus dreht er sich zwischen Fahr und Escherndorf einmal sogar fast im Kreis. Hier ist die Volkacher Mainschleife, das Ziel unseres Ausflugs. Wer die Eigenart und Schönheit des Mains kennen lernen will, sollte ein Schiff besteigen, um diese wunderbare Flusslandschaft hautnah zu erleben.

Start an der Mainbrücke

Unterhalb der Mainbrücke, die Volkach mit dem Ortsteil Astheim verbindet, liegt die Anlagestelle des Motorschiffs »Undine«. Wer zu früh kommt und die Zeit nutzen will, informiert sich anhand des unterhalb der Mainbrücke angelegten Fischlehrpfads über den Fischbestand im Main. Durch den Bau des Mainkanals von Volkach nach Gerlachshausen ist der Fluss stark entlastet worden. Der Schiffsverkehr wird jetzt ausschließlich über den Mainkanal abgewickelt, sodass der Main sich in den letzten Jahren ökologisch erholen konnte und zu einem wahren Naturparadies geworden ist. Fische, die die Strömung lieben, finden jetzt im Mainwasser ideale Bedingungen vor, während im Kanal Fischarten anzutreffen sind, die sich in ruhigen Gewässern wohl fühlen.

Flusslandschaft mit Weinbergen

Sobald die Leinen gelöst sind, tuckert die »Undine« den Main stromaufwärts. Die besten Plätze sind vorn, am Bug, während man am Heck das laute Geräusch der Schiffsmotoren in Kauf nehmen muss. Bei kühler Witterung oder Regen sind die Plätze im zweistöckigen Schiffsrestaurant von Vorteil. Klar, dass es hier allerlei an Getränken und Speisen gibt.

Bald sind die Umrisse von Volkach verschwunden, und schon schiebt sich rechter Hand die Wallfahrtskirche »Maria im Weingarten« ins Blickfeld. Das spätgotische Kirchlein, umringt von Rebflächen, ist nicht nur herrlich gelegen, sondern beherbergt auch die »Madonna im Rosenkranz«, eines der letzten Werke Tilman Riemenschneiders.

Bis zur Fährstation Fahr dominieren auf beiden Uferseiten steile Anhöhen, rechts Weinberge, links lichte Wälder. Der Main hat da und dort Ausbuchtungen, Nebenarme und kleine

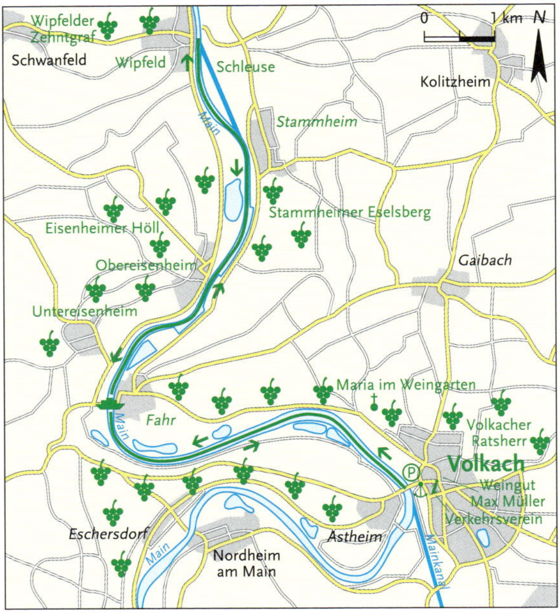

Volkachs prächtiges Renaissance-Rathaus mit der zweiläufigen Freitreppe

Seen gebildet. Flugenten flattern übers Wasser oder dümpeln träge am seichten Uferrand. Hinter Fahr wird die Landschaft mit sanften Feldfluren und grünen Wiesen flacher, aber auch hier dominieren die Weinberge.

Untereisenheim und Obereisenheim, berühmt durch die Lage Eisenheimer Höll, liegen links von uns. Rechts folgt der Ort Stammheim mit der Lage Stammheimer Eselsberg. Danach ist es nicht mehr weit bis nach Wipfeld. Die Schleuse in Wipfeld zwingt zur Umkehr, und wenn dann wieder in Volkach unterhalb der Mainbrücke angelegt wird, ist die Zeit wie im Fluge vergangen.

Volkach – ein Zentrum fränkischer Weinkultur

So schön und anregend die Schifffahrt auch ist, man sollte sich nicht mit ihr begnügen, sondern vorher oder besser noch danach einen Stadtbummel durch Volkach unternehmen. Also schnell vom Verkehrsamt im Rathaus einen Stadtplan holen, und schon geht es los.

Im alten Stadtkern Volkachs gibt es mindestens 15 herausragende Sehenswürdigkeiten, u. a. das 1544 erbaute Renaissance-Rathaus am Marktplatz mit der schwungvollen zweiläufigen Freitreppe, die im Rokokostil renovierte Bartholomäus-Kirche, das fürstbischöfliche Amtshaus (Echterhof), das prächtige

Schelfenhaus, zwei mächtige Stadttore, ausladende Weinbauern- und Häckerhäuser, herrliche Barockfassaden, Brunnen und Heiligenfiguren. Volkach lag über Jahrhunderte im Schnittpunkt wichtiger Handelsstraßen, erhielt frühzeitig das Münz- und Marktrecht sowie die Blutgerichtsbarkeit und profitierte von den üppigen Erträgen der umliegenden Weinberge.

Natürlich findet man auch eine Menge ausgezeichneter Wirtshäuser mit gemütlichen Innenhöfen, die alles zu bieten haben, was ein Touristenherz begehrt.

Weinempfehlung

Von der Lage Volkacher Ratsherr empfehle ich den Bacchus Kabinett, einen trockenen Qualitätswein mit Prädikat aus dem *Weingut Max Müller* in Volkach. Hier sind nach Anmeldung auch Weinproben möglich. Serviert wird der Wein im *Gasthof Behringer* am Marktplatz sowie im *Hinterhöfle*, einem urgemütlichen Innenhof in der Hauptstraße von Volkach.

Thilo Castner

Informationen:

Tourist-Information Volkacher Mainschleife, im Rathaus, Marktplatz 1, 97332 Volkach, Tel. 0 93 81/4 01 12, www.volkach.de

Fränkische Personen-Schifffahrt (FPS), Hauptstr. 42, 97332 Volkach, Tel. 0 93 81/71 08 80, www.mainschifffahrt.info, Rundfahrten mit dem Main-Schiff »Undine«, Fahrplan Hauptsaison Ende Apr–Okt Mo–Fr 12.00 und 14.00, Sa–So und Fei 10.00–16.00, alle 2 Std. Abweichende Zeiten in März, Nov und bayer. Sommerferien. Informationen auf der Website.

Weingut Max Müller I, Hauptstr. 46, 97332 Volkach, Tel. 0 93 81/12 18, www.max-mueller.de, Weinverkauf Mo–Fr 9.00–18.00, Sa 10.00–16.00, So 10.00–12.00.

Einkehrtipps:

Gasthof-Hotel Behringer, Marktplatz 5, 97332 Volkach, Tel. 0 93 81/81 40, www.hotel-behringer.de, Fr–Mi 9.00–21.00, bei schönem Wetter Sonnenterrasse auch Do tagsüber geöffnet.

Hinterhöfle, Hauptstr. 50, 97332 Volkach,
Tel. 0 93 81/81 42 00, www.hinterhoefle.de,
tägl. ab 11.00, Nov–Ostern Do Ruhetag.

Extras:

Mitte Aug findet in Volkach Frankens größtes Weinfest statt.

Altstadtrundgang von Mai–Okt am Mo, Mi und Sa jeweils um 10.30. Treffpunkt vor dem Rathaus Volkach. Anmeldung über Tourist-Information.

Karte:

Fritsch Freizeitkarte 1:50 000, Nr. 87 Landkreis Schweinfurt.

20 »Leinen los!«

Tour: Floßfahrt auf dem Altmain von Astheim nach Gerlachshausen.
Länge: 9 km.
Dauer: 3 1/2–4 Std.
Höhenunterschied: 10 m.
Familie: Für jede Altersstufe geeignet.
Saison: 1. Mai–31. Okt.
Besonderheiten: Eine Fahrt muss vorher mit dem Floßunternehmen vereinbart werden (Adresse siehe Infokasten). Gefahren wird auch bei Regen, das Floß ist überdacht. Bestellt werden können zusätzlich Weinproben, Häckerplatten oder ein Spanferkelessen. Auf Wunsch wird außerdem für Musik gesorgt. Eine Toilette ist an Bord.
Anfahrt: *Kfz:* Auf der A3 bis Ausfahrt Schwarzach/Kitzingen, dann weiter bis Volkach und Astheim. Von hier zur Anlegestelle am Main der Beschilderung folgen. *ÖPNV:* Mit öffentlichen Verkehrsmitteln ist keine Anreise möglich.

Natur- und Vogelschutzgebiet Altmain

Die Mainschleife bei Volkach zählt zu den bekanntesten Regionen in Unterfranken. Seit der Fertigstellung des Mainkanals von Volkach nach Gerlachshausen wird das alte Flussbett nicht mehr zur Schifffahrt genutzt. So konnte sich in den Folgejahren ungestört eine Naturidylle entwickeln, wie sie in Deutschland nur noch selten anzutreffen ist, ein Paradies vor allem für Fische und Vögel. 1999 wurde hier ein 43 Kilogramm schwerer Waller gefangen. Der ein Jahr später an Land gezogene Waller wog sogar 75 Kilogramm.

Auf dem 21 Meter langen, siebeneinhalb Meter breiten und rund 25 Tonnen schweren Floß finden 75 Personen plus sechs Mann Besatzung Platz. Mit Hilfe der Steuerruder an Heck und Bug wird das Floß in der Mainmitte gehalten, werden Strudel und Engstellen geschickt umfahren. Passieren kann jedoch ohnehin nichts, da ein Kentern unmöglich ist. Bei brütender Sonne oder Regen wird die Überdachung aufgezogen. Der

TÜV überprüft regelmäßig, ob alle sicherheitstechnischen Bestimmungen eingehalten werden.

Romantik pur

Sobald die Leinen an der Sandgrube kurz hinter Astheim gelöst sind, treibt das Floß, ein Eigenbau der Betreiber, gemächlich und geräuschlos den Altmain hinab. Da die Strömung schwankt, dauert die Fahrt unterschiedlich lang, notfalls wird zur Beschleunigung der Motor in Gang gesetzt oder zum Bremsen der Anker geworfen. Der »Kapitän« fungiert gleichzeitig als Fremdenführer.

Die Ufer des Altmains sind dicht bewachsen und bieten Wasservögeln und anderen Tieren einen idealen Unterschlupf. Gleich hinter Büschen, Schilf und Wiesen beginnen die Rebhänge. Hoch oben auf dem rechten Mainufer ist die Vogelsburg mit dem ältesten Weingut der Region erkennbar, westlich davon die weltberühmte Weinlage Escherndorfer Lump. Die Hänge haben ein Gefälle von bis zu 70 Prozent, und das Sonnenlicht wird hier wie in einem Hohlspiegel gesammelt, sodass Temperaturen von 50–60 Grad entstehen.

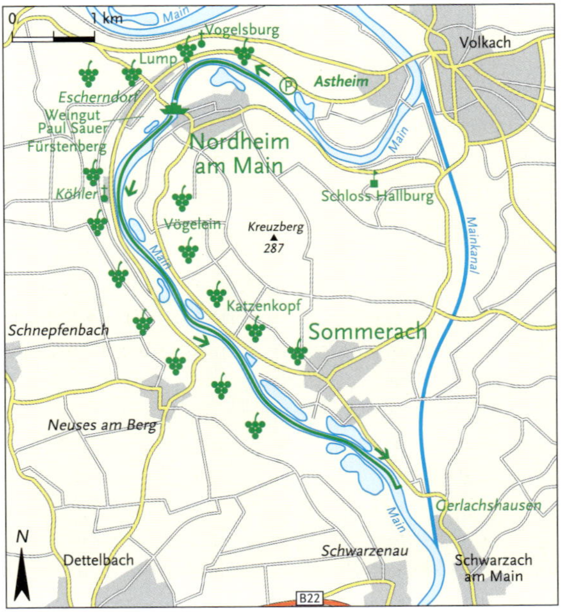

Es folgt rechts das Weinort Escherndorf, gegenüber, durch eine Seilfähre verbunden, der Winzerdorf Nordheim. Ein Drittel des Frankenweins stammt von hier, von der sogenannten fränkischen Weininsel.

Genießen ohne Reue

Das Floß ist reich mit Blumen geschmückt. Die Gäste sitzen an gedeckten Tischen, probieren den köstlichen Wein und lassen sich die bestellte Häckerplatte munden. Die idyllische Gegend ist eine schöne Kulisse für den leiblichen Genuss.

Langsam geht es weiter, vorbei an der Weinlage Escherndorfer Fürstenberg, und dann taucht auch schon das Winzerörtchen Köhler auf, ein anmutig gelegenes Dorf mit nicht einmal 50 Einwohnern und einer schönen Filialkirche, in der geschnitzte Figuren aus der Schule Tilman Riemenschneiders anzutreffen sind.

Die Landschaft wird danach noch romantischer – auf den alten Flussauen und kleinen Inseln hat sich eine subtropisch anmutende Fauna und Flora entwickelt. Die Musik wird hier eine Weile eingestellt, um die Vogelwelt nicht zu stören.

Von Ferne ist auf der linken Uferseite der spitze Kirchturm von Sommerach zu sehen, dem mittelalterlichen Weinbauerndorf, das bekannt ist durch die Weinlage Sommeracher Katzen-

Der Altmain bei Escherndorf

kopf. Der Name entstand, so die Legende, als einst die Frau eines trunksüchtigen Winzers diesem eines Tages eine tote Katze auf das Weinfass legte, was den Berauschten so in Schrecken versetzte, dass er das Trinken sofort aufgegeben haben soll.

Kurz vor Gerlachshausen, also dort, wo der Mainkanal sich mit dem Main vereint, ist die Floßfahrt zu Ende. Sofern gewünscht, werden die Gäste per Bus zur Anlegestelle bei Astheim zurückgebracht.

Wer noch einen der herrlichen Winzerorte Sommerach, Nordheim, Escherndorf oder Volkach besuchen will oder zur Hallburg bzw. zur Vogelsburg aufbrechen möchte, findet in den Routen »Fürsten und Lumpen« und »Fromm und trinkfest« ausführliche Hinweise.

Weinempfehlung

Nicht nur weil Goethe ein großer Verehrer der Weine aus Escherndorf war, soll hier einem edlen Tropfen aus diesem Winzerort Referenz erwiesen werden. Der Silvaner Escherndorfer Lump, ein trockener Kabinettwein aus dem *Weingut Am Lump* in Escherndorf, mit der fränkischen Goldmedaille ausgezeichnet, wird auch während der Floßfahrt ausgeschenkt und kann hier oder im Weingut bezogen werden.

Thilo Castner

Informationen:

Tourist-Information Volkacher Mainschleife, im Rathaus, Marktplatz 1, 97332 Volkach, Tel. 0 93 81/4 01 12, www.volkach.de

Floßunternehmen Sauer-Barthel, Ritterstr. 22, 97337 Bibergau, Tel. 0 93 24/98 03 50, www.flosserlebnis.de

Weingut Am Lump, Bocksbeutelstr. 60, 97332 Escherndorf, Tel. 0 93 81/90 35, www.weingut-am-lump.de, Weinverkauf Mo–Fr 9.00–18.00, Sa 10.00–17.00, So 10.00–14.00, Mittagspause tägl. 12.00–13.00.

Karte:

Volkacher Mainschleife 1:10 000, Rad- und Wanderkarte der Stadt Volkach.

21 Frankenwein und Hundertwasser

Tour: Kurze Rundwanderung von Untereisenheim nach Obereisenheim und zurück.
Länge: Rund 6 km.
Dauer: Reine Gehzeit inklusive der zwei Dorfrundgänge 2 1/2–3 Std.
Höhenunterschied: Ca. 50 m.
Familie: Die Wanderung ist relativ leicht und auch für Kinder ab 6 Jahren geeignet.
Saison: Das ganze Jahr über möglich, am schönsten im Frühjahr und Herbst.
Anfahrt: *Kfz:* Auf der A 3 bis Ausfahrt Kitzingen/Schwarzach, dann weiter bis Volkach. Anschließend über die Mainbrücke nach Astheim, von dort Richtung Prosselsheim bis zur Abzweigung Untereisenheim. Hier auf der Maintor- und Ziegeltorstraße zum *Weingut Hirn* mit Parkplätzen. Oder auf der A 7 bis Ausfahrt Würzburg/Estenfeld, dann weiter Richtung Volkach. Kurz hinter Prosselsheim Abzweigung nach Untereisenheim. *ÖPNV:* Keine geeignete Verbindung.

Das *Hirner Weinparadies*

Mitte 2003 ging für Matthias Hirn ein Jugendtraum in Erfüllung. Am Rande des kleinen unterfränkischen Winzerortes Untereisenheim, unmittelbar neben den Weinlagen Untereisenheimer Höll und Sonnenberg, ist im Stil des Wiener Künstlers Friedensreich Hundertwasser ein Weingut entstanden, das erste und bis jetzt einzige dieser Art in Europa.

Wir lassen das Auto am Weingut stehen und bewundern kurz die außergewöhnliche Architektur – knallbunte Farben, schiefe und verwinkelte Mauern, gekachelte Säulen, geschwungene Dächer. Nichts erinnert an konventionelle Häuser. In der Vinothek und im Ausstellungsraum befinden sich zahlreiche Bilder und Bücher von und über Hundertwasser. Im Stil des Künstlers sind auch etliche Gebrauchsgegenstände und Möbelstücke gehalten. Wer Gefallen daran findet, wird am Ende des Rundgangs hier einkehren und alles genauer betrachten.

Aus »Isanesheim« wurde Eisenheim

Ziel des Ausflugs ist es, die wunderschöne Region zwischen Unter- und Obereisenheim kennenzulernen. Die beiden Orte, urkundlich erstmals 788 erwähnt, gehörten ursprünglich zusammen und hießen »Isanesheim«. Religionskriege sowie die Machtansprüche der Landesherren sorgten dafür, dass man sich auseinander lebte. Untereisenheim unterstand dem Hochstift Würzburg und ist bis heute überwiegend katholisch, Obereisenheim dagegen wurde Lehen der Grafen zu Castell und evangelisch.

Wir gehen jetzt vom *Hirner Weinparadies* rechts ein Stück die Straße entlang bis zur Info-Tafel, biegen hier rechter Hand in den befestigten Weinbergweg ein und befinden uns inmitten der rund 100 Hektar umfassenden Weinlagen Höll und Sonnenberg. Nach gut 100 Metern folgen wir der zweiten Abzweigung links hinauf und wandern in einer großen Linkskurve bis zum Waldrand. Von da an gehen wir rechts auf dem Weg

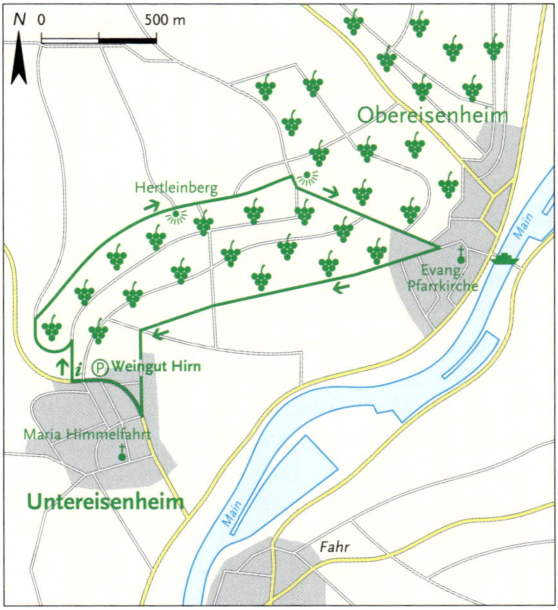

Das *Weingut Hirn*, dahinter die Lage Untereisenheimer Höll

zwischen Wald und Rebhängen. Der Blick reicht über die Weinstöcke bis ins Maintal hinab.

Am Ende des Waldgürtels laufen wir die Weinbergstraße rechts hinunter, vorbei an einem Weinberghäuschen. Gleich danach kommen wir an einen Tisch mit zwei Sitzbänken und schöner Aussicht vorbei. Um nach Obereisenheim, das bereits zum Greifen nahe ist, zu gelangen, halten wir uns links. Über die Bergstraße kommen wir zum Marktplatz.

Zwei imposante Gotteshäuser

Obereisenheim ist ein uraltes Winzerdorf. 50 Winzer bewirtschaften die 45 Hektar der Weinlage Obereisenheimer Höll, die meisten sind Kleinwinzer, aber es gibt auch einige stattliche Weinhöfe mit romantischen, weinlaubumrankten Innenhöfen, mit vielen Blumen und kunstvollen Torbögen. Die ältesten Gebäude entstanden nach Ende des 30-jährigen Kriegs, die evangelische Pfarrkirche bereits um 1496. Sehenswert ist die Innenausstattung des Gotteshauses mit herrlicher Barockkanzel, Taufstein, Kassettendecke und Empore. Lohnend ist auch der Weg zur Mainfähre unterhalb von Obereisenheim.

Die Rückkehr nach Untereisenheim beginnt an der Bergstraße. Von hier laufen wir auf dem Breiten Weg immer geradeaus, rechter Hand die Weinberge, links Obstplantagen und Wiesen. Da keine Steigungen mehr kommen, ist Untereisenheim schon in knapp einer Stunde erreicht. Auch hier bestimmt der Weinanbau seit jeher das Leben der Dorfbewohner, auch hier gibt es einige schöne alte Winzerhöfe. Ähnlich wie in Obereisenheim ist die Maria-Himmelfahrt-Kirche, eine der schönsten Barockkirchen in Unterfranken, der Mittelpunkt des Ortes. Der 1. Bürgermeister der Marktgemeinde gibt Besuchern gern Auskunft zur Geschichte des Winzerdorfs und fungiert, falls gewünscht, als Fremdenführer. Wenn die Kirche verschlossen ist, kann man sich den Schüssel von Gottfried Krauß geben lassen.

Selbst kurze Wanderungen machen durstig. Also schnell wieder zum Hundertwasser-Weingut und, umgeben vom einmaligen Ambiente des großen Wiener Künstlers, den Höllenwein probieren, wenn's geht mit einer zünftigen Brotzeit, dann schmeckt der trockene Frankenwein besonders gut.

Weinempfehlung

Der Regent ist ein in Franken bislang nur selten anzutreffender Wein. Das *Weingut Hirn* in Untereisenheim hat mit dem Untereisenheimer Höll Regent, einem Bio-Wein, einen besonders kräftigen und gleichzeitig weichen Rotwein hervorgebracht, der alle Rotweintrinker begeistern dürfte.

Thilo Castner

Informationen:

Bürgermeister von Markt Eisenheim Andreas Hoßmann, Tulpenstr. 6, 97247 Untereisenheim, Tel. 0 93 86/9 01 55.

Kirche Obereisenheim, Schlüssel erhältlich bei Gottfried Krauß, Marktplatz 10, 97247 Obereisenheim, Tel. 0 93 86/9 71 30.

Einkehrtipp:

Weingut Hirn und Weinparadies, Dipbacher Str. 8, 97247 Untereisenheim, Tel. 0 93 86/3 88, www.weingut-hirn.de, Weinverkauf Jan–Feb Mo–Sa 12.00–16.00, März–Dez Mo–Sa 11.00–12.00 und 13.00–18.00, in Heckenwirtschafts-Monaten zusätzlich So und Fei 14.00–17.00. Heckenwirtschaft

Ende März–Ende Jun und Okt Sa 14.00–21.00, So und Fei 12.00–21.00.

Extras:

An den beiden letzten Sep-Wochenenden findet der »Untereisenheimer Kulturherbst« mit Kulinarischem in fester und flüssiger Form statt. Die Weinhöfe, in denen Kunstausstellungen und handwerkliche Arbeiten zu sehen sind, stehen an diesen Tagen offen. Die Kinder erwartet ein umfangreiches Aktionsprogramm. Parallel dazu lädt Obereisenheim zum Weinmarkt ein.

Karte:

Fritsch Freizeitkarte 1:50 000, Nr. 87 Landkreis Schweinfurt.

Auf den Höhen des Maintals

22

Tour: Wanderung von Retzbach nach Thüngersheim und zurück.
Länge: Etwa 15 km.
Dauer: Reine Gehzeit rund 4 Std.
Höhenunterschied: Gut 200 m.
Markierungen: Markt Retzbach–Thüngersheim: blaues »M«, dann Blaupunkt; Thüngersheim–Retzbach: streckenweise weißes »M« auf grünem Bocksbeutel.
Familie: Die Tour setzt eine gute Kondition voraus. Für Kinder ab 12 Jahren geeignet, wenn sie längere Wanderungen gewöhnt sind.
Saison: Am schönsten im Frühjahr und Herbst. Ansonsten das ganze Jahr über möglich.
Besonderheiten: An heißen Sommertagen vorher tüchtig eincremen. Kopfbedeckung und genügend Getränke mitnehmen.
Anfahrt: *Kfz:* Auf der B 27 Würzburg–Karlstadt bis Retzbach. Parken am Bahnhof. *ÖPNV:* Mit dem Zug von Würzburg bzw. Karlstadt zum Bahnhof Retzbach.

Am rechten Mainufer zwischen Thüngersheim und Retzbach erheben sich ansehnliche Gebirgszüge. Hier zu wandern zählt mit zu den großartigen Erlebnissen in Mainfranken.

Retzbach, Stadt der zwei Gotteshäuser

Start ist am Retzbacher Bahnhof. Auf der Bahnhofstraße begeben wir uns in den alten Stadtkern und machen zunächst einen kurzen Abstecher zur Laurentiuskirche, die, von Balthasar Neumann entworfen, in den Jahren 1736–38 errichtet wurde. Eindrucksvoll präsentiert sich die ausufernde barocke Einrichtung mit Marmorkanzel und -altären, Orgel und reich verzierten Kirchenbänken.

Das blaue »M« für »Mainwanderweg« zeigt fortan, wie es weiter geht. Die Route ist sehr gut ausgeschildert, trotzdem immer aufpassen. Bevor wir zur Benediktushöhe einbiegen, lohnt sich ein winziger Umweg zur Wallfahrtskirche »Maria im grünen Tal«, der ältesten ihrer Art in Unterfranken. Die Anfänge der Kirche reichen bis ca. 1400 zurück, und aus jener frühen Zeit stammt auch der Chorraum der inzwischen modernisierten Kirche. Die im Chor postierte Gnadenmadonna soll sogar noch 100 Jahre älter sein.

Eine Bilderbuchlandschaft

Zurück auf der Benediktushöhe begeben wir uns auf dem Mainwanderweg ein gutes Stück bergauf, vorbei an der erst vor kurzem gebauten Kolpingkapelle. Bis hierher war der Weg geteert, nun folgt ein schmaler, aber wildromantischer Wald- und Wiesenweg. Es gilt, einen Anstieg von insgesamt 150 Metern zu bewältigen. Das ist an heißen Tagen recht schweißtreibend, wird aber reichlich belohnt durch den grandiosen Ausblick zunächst auf Retzbach und Zellingen, danach auf das breite Maintal, ein wenig später auf die Rebhänge von Thüngersheim.

Die Strecke ist überaus abwechslungsreich, führt durch dichte Waldgürtel, dann über blühende Wiesen und entlang wogenden Getreidefeldern. Eine farbige Flora mit Mohn- und

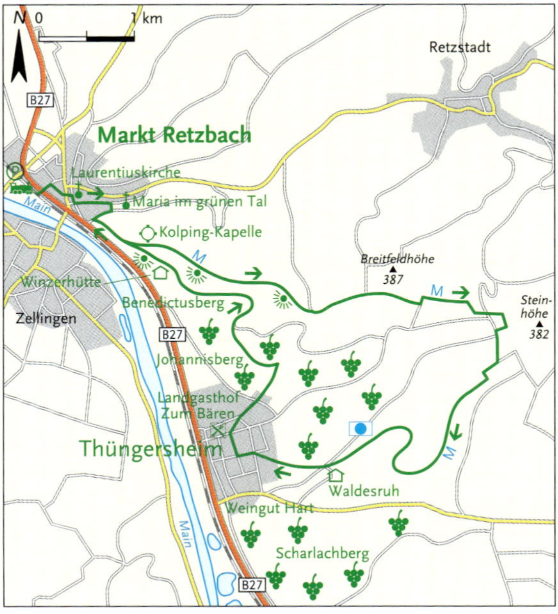

Retzbach am Main

Glockenblumen, Margeriten, Storchenschnabel und Frauenmantel säumt den Weg. Hecken, Baumgruppen und dichtes Gebüsch gewähren nicht nur der Tierwelt Unterschlupf, sondern machen die Landschaft auch überaus attraktiv. Dankbar nimmt es der Wanderer wahr und erfreut sich an den Naturschönheiten.

Unmittelbar vor den zwei schon von Weitem sichtbaren Windrädern auf der 382 Meter hohen Steinhöhe biegen wir nach rechts ab und kurz darauf nochmals nach rechts, jetzt in südlicher Richtung. Nach anderthalb Stunden von Retzbach aus stoßen wir oberhalb der Weinberge auf einen Querweg. Das blaue »M« zeigt nach links, wir orientieren uns nach rechts und folgen bis Thüngersheim dem Blaupunkt.

Es geht jetzt durch ein längeres Waldstück, mal rechts, mal links, mitunter steil bergab, die Markierung mit dem blauen Punkt ist jedoch zuverlässig. Sobald wir die Hütte »Waldesruh« erreicht haben, ist es nur noch ein Kilometer bis ins Zentrum von Thüngersheim.

Eines der ältesten und größten Weinanbaugebiete Frankens

Wir laufen durch das Neubaugebiet von Thüngersheim, am ersten Stadttor, dem Hirtentor, vorbei und dann durch das zweite, das Würzburger Tor, und auf der Unteren Hauptstraße in den alten Stadtkern. Hier stoßen wir nach gut 50 Metern auf den *Landgasthof Zum Bären*, und wer jetzt, nach der gut 2 1/2-stündigen Wanderung Lust zum Einkehren verspürt, sollte diesem Bedürfnis nachgeben. Hier gibt es nicht nur vorzügliche Speisen und fränkische Weine aus den umliegenden Rebhängen, sondern das Gasthaus ist auch im Besitz eines über 450 Jahre alten Gewölbekellers, der am Wochenende geöffnet ist.

Im Grunde ist Thüngersheim ein typisch unterfränkisches Winzerstädtchen: zwei parallele Hauptstraßen, gekreuzt von mehreren Querstraßen, das Ganze im Viereck von Mauern mit ursprünglich vier Toren umgeben. Lange Zeit lebte man vom Fischfang im Main und vom Weinanbau. Große Reichtümer waren damit nicht zu erzielen, entsprechend bescheiden und unspektakulär sind die meisten Häuser. Dennoch lohnt sich ein Rundgang

Was den Weinanbau betrifft, der hier nachgewiesenermaßen bereits vor über 1000 Jahren betrieben worden sein soll, hat der Ort mächtig aufgeholt. Mit rund 250 Hektar Rebfläche zählt Thüngersheim derzeit neben Würzburg, Randersacker und Nordheim zu den bedeutendsten Weinorten Frankens, und die Lagen Johannisberg, Scharlachberg und Ravensburg nötigen jedem Weinkenner höchsten Respekt ab.

Nach einer erquickenden Pause wird es Zeit für die Rückkehr. Vom *Bären* aus laufen wir in die Hintere Gasse, durchs Retzbacher Tor in die Höningsbergstraße, anschließend in die Steigstraße und weiter in Richtung Retzbach. Der Weg führt jetzt durch die Weinlage Johannisberg. Wer den Blick über die scheinbar endlosen Rebhänge gleiten lässt, begreift schnell, welch bedeutende Rolle Thüngersheim unter den fränkischen Weinbauern spielt.

Oberhalb des Weinbergs folgen wir dem Hinweisschild »Winzerhütte« und halten uns bei der Weggabelung rechts, bis schließlich die Markierung mit einem weißen »M« auf grünem Bocksbeutel den weiteren Verlauf bestimmt.

Der Main, ein glitzerndes Band im Tal

Am Ende des Waldgürtels erhebt sich ein neuer Weinberg, der zu Retzbach gehörende Benedictusberg. Wir erreichen die Winzerhütte. Unter uns schlängelt sich das glitzernde Band des Mains. Bei gutem Wetter reicht der Blick bis in die Spessarthöhen.

Kurz vor Retzbach stoßen wir wieder auf die Kolpingkapelle und gehen mit dem blauen »M« auf dem bereits bekannten Weg hinab nach Markt Retzbach und zum Ausgangspunkt der Wanderung am Bahnhof.

Weinempfehlung

Die Wahl fällt schwer, wie fast immer, denn es gibt in Thüngersheim so viele gute Tropfen. Entschieden habe ich mich schließlich für den Scharlachberger Kerner, einen halbtrockenen, feinen und gehaltvollen Kabinettwein, ausgeschenkt im *Landgasthof Zum Bären* und zu kaufen im Thüngersheimer *Weingut Hart*.

Thilo Castner

Information:

Tourist-Information Thüngersheim, im Rathaus, Untere Hauptstr. 14, 97291 Thüngersheim, Tel. 0 93 64/81 35 14, www.thuengersheim.de

Weingut Hart, Veitshöchheimer Str. 29, 97291 Thüngersheim, Tel. 0 93 64/96 37, www.weingut-hart.de, Weinverkauf Mo–Sa 8.00–19.00.

Einkehrtipps:

Landgasthof Zum Bären, Kirchgasse 1, 97291 Thüngersheim, Tel. 0 93 64/72 67, www.zum-baeren.franken-regio.de, Di–Fr 10.30–14.30 und 16.30–23.00, Sa 10.30–23.00, So 9.30–23.00.

Weingut-Hotel Winzerhof, auf *Weingut Hart* (s. o.), Tel. 0 93 64/58 38, www.winzerhof-thuengersheim.de, Mo–Sa ab 17.00, So ab 11.00.

Extra:

In Thüngersheim findet am zweiten Jul-Wochenende ein Straßenweinfest statt.

Karte:

Fritsch Freizeitkarte 1:50 000, Nr. 88 Main-Spessart und Fritsch Freizeitkarte 1:50 000, Nr. 83 Landkreis Würzburg.

23 Saupurzel und Dicker Turm

Tour: Radtour von Karlstadt nach Gemünden und zurück über Wernfeld, Gössenheim und Eußenheim.
Länge: Rund 40 km.
Dauer: Ohne Pausen 3 1/2–4 Std.
Höhenunterschied: Insgesamt ca. 150 m.
Markierungen: Karlstadt–Gemünden: Maintal-Radwanderweg (MR); Wernfeld–Karlstadt: zunächst Werntal-Radwanderweg (WR), 2 km hinter Eußenheim dem Hinweisschild »Karlstadt« folgen.
Familie: Für Kinder ab 12 Jahren gut zu schaffen.
Saison: Das ganze Jahr über möglich. Am schönsten von Mai–Okt.
Varianten: Radler mit guter Kondition fahren von Gemünden nach Rieneck weiter. Hin und zurück entlang der Sinn zusammen etwa 10 km.
Wer müde oder mit kleinen Kindern unterwegs ist und die etwas anstrengende Rückfahrt von Gemünden nach Karlstadt über die Höhenrücken umgehen möchte, radelt wie bei der Herfahrt wieder auf dem Maintal-Radweg zurück.
Anfahrt: *Kfz:* Von Würzburg auf der B 27 oder von Lohr auf der B 26 nach Karlstadt zum Bahnhof. Dort ausreichend Parkplätze. *ÖPNV:* Mit dem Zug auf der Strecke Würzburg–Frankfurt zum Bahnhof Karlstadt.

Hausberg der Karlstadter

Karlstadt, Ausgangspunkt dieser Radtour, soll angeblich nach Karl Martell, dem Vorbereiter des Fränkischen Reichs, benannt worden sein. Die Gründung der Stadt durch Bischof Konrad von Querfurt erfolgte in den Jahren 1198–1202. Gut 100 Jahre später waren die Befestigungsanlagen fertig gestellt. Die auf dem Reißbrett entworfene Altstadt hat ihre mittelalterliche Grundstruktur mit schönen alten Gebäuden, Wehrmauer und Türmen im Großen und Ganzen mittels aufwendiger Restaurierungen in den letzten Jahren erhalten können. Die Stadt liegt zwischen Main und dem Saupurzel, Karlstadts Hausberg.

Es wäre natürlich überaus verlockend, sich jetzt gleich die wunderschöne Altstadt anzuschauen. Doch spricht einiges dafür, sich einen ausgiebigen Stadtbummel für später, vor der Einkehr in eines der gemütlichen Wirtshäuser, aufzuheben.

Radeln am Main

Die Radtour beginnt am Karlstadter Bahnhof. Wir fahren die Neue Bahnhofstraße bis zur Hauptstraße, dann biegen wir nach links ab und in die Schustergasse ein, anschließend geht's weiter durch die Stadtmauer, und schon ist die Mainlände erreicht. Schnell werfen wir einen bewundernden Blick zur Ruine der Karlburg auf der gegenüberliegenden Mainseite, und dann geht es mit Elan auf dem Maintal-Radweg (Markierung »MR«) Richtung Gemünden.

Der Weg führt überwiegend direkt am Fluss entlang. Rechter Hand erstrecken sich die lang gezogenen Rebhänge Lage Karlstadter Roßtal. Es muss äußerst mühevoll gewesen sein, die Parzellen den steil abfallenden felsigen Hängen abzutrotzen. Einige Rebflächen sind auch bereits aufgegeben worden, wohl weil sich die schwere Arbeit nicht mehr rentiert.

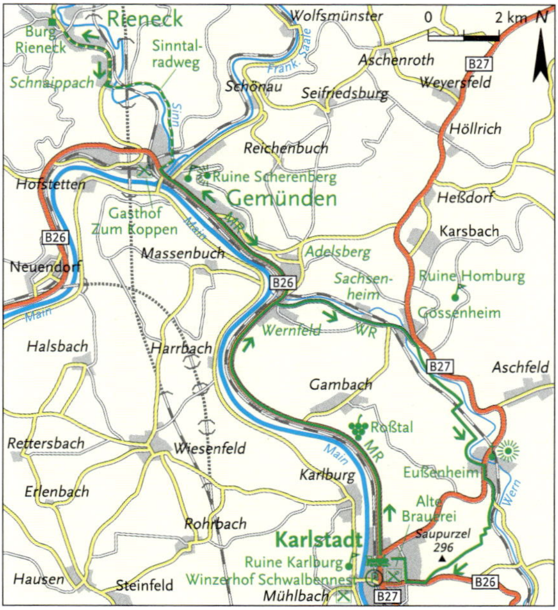

Die Gegend ist überaus eindrucksvoll. Es grünt und blüht, Bäume und Büsche spiegeln sich im Mainwasser. Wer es nicht eilig hat, sucht sich ein behagliches Plätzchen in der Nähe des Ufers und genießt die schöne und von Menschenhand bisher nicht verschandelte Flusslandschaft.

Nach rund einer Stunde ist Gemünden erreicht. Die Stadt ist im Zweiten Weltkrieg stark zerstört worden, sodass von der früheren Pracht nicht mehr viel zu sehen ist. Dennoch fahren wir über die Obere Torstraße bis zum Marktplatz, stellen das Rad ab und laufen zur Ruine Scherenberg hinauf. Die Aussicht auf das liebliche Maintal und die Dächer und Türme der Dreiflüssestadt hat noch jeden in Bann geschlagen.

Zauberhaftes Sinntal

Lohnend ist es auch, anschließend ein Stück entlang der Fränkischen Saale und der Sinn zu radeln. Die Einmündung der beiden Flüsse in den Main ist landschaftlich besonders reizvoll. Wer sich fit fühlt, sollte deshalb den als Variante gedachten Abstecher nach Rieneck aufgreifen. Der Weg dorthin ist gut gekennzeichnet, die fünf Kilometer lange Strecke im romantischen Naturschutzgebiet Sinntal dauert keine 30 Minuten. Herzstück des hübschen Spessart-Städtchens ist die mittelalterliche Burg, von den Grafen Rieneck im Jahr 1170 auf einem nach drei Seiten steil abfallenden Felsen erbaut und heute vom Verband Christlicher Pfadfinderinnen und Pfadfinder als Bildungs- und Erholungswerk genutzt. Die romanische, kleeblattförmige Mauerkapelle im Dicken Turm der Burg gilt als kunsthistorisches Juwel.

Wer sich vor der Rückfahrt nach Karlstadt noch ein wenig stärken will, findet in Gemünden ausreichend Wirtshäuser, z. B. den fränkischen *Gasthof Zum Koppen* in der Hauptstraße. Anschließend radeln wir zunächst wieder auf dem Maintal-Radweg bis Wernfeld. Hier zweigt der Werntal-Radweg ab, der unserer Beinmuskulatur einiges zumuten wird, da etliche Anhöhen zu überwinden sind. Wer diesen Herausforderungen entgehen möchte, bleibt auf dem Maintal-Radweg und wird in knapp 45 Minuten Karlstadt erreichen.

Die Ruine der Karlburg bei Karlstadt

Durch das hügelige Werntal

Die Wern ist ein kleines Flüsschen, und uns erwartet eine abwechslungsreiche Hügellandschaft mit ständigem Auf und Ab. Der Werntal-Radweg (»WR«) ist gut ausgeschildert. Wir durchfahren zunächst das Dorf Sachsenheim und streifen dann Gössenheim. In weiter Ferne sind die Umrisse der Burgruine Homburg aus dem 11. Jahrhundert zu erkennen, einst eine der größten Burganlagen in Franken.

Weiter geht's nach Eußenheim. Hoch über dem Winzerort thront die Dorfkirche. Wer Lust hat, stattet der Kirche einen Besuch ab, die Aussicht von hier ist sehr eindrucksvoll. Dann geht's weiter auf dem mit »WR« markierten Radweg, bis rechter Hand die Abzweigung nach Karlstadt kommt. Kurz vor Karlstadt halten wir uns rechts. Das Hinweisschild »Zum Maintal-Radweg« führt direkt in die Altstadt und zum Bahnhof.

Stadtbummel durch Karlstadt

Was sollte man sich in Karlstadt unbedingt anschauen? Am sehenswertesten ist zweifellos die Hauptstraße mit den grandiosen Fachwerkfassaden und den vielen einladenden Wirtshäusern. In dem vom Kultur- und Fremdenverkehrsverein der Stadt herausgegebenen *Stadtrundgang*, erhältlich im Fremdenverkehrsbüro, sind 20 Sehenswürdigkeiten aufgelistet. Die wichtigsten davon sind: das Rathaus in der Hauptstraße, der obere Torturm mit Torhaus, das Maintor, das Rote Tor sowie die zwischen Hauptstraße und Mainlände gelegenen Quergässchen, herrlich herausgeputzt und reich mit Blumen dekoriert. Für Kunstliebhaber obligatorisch ist der Gang in die gotische St.-Andreas-Pfarrkirche mit herausragenden Kunstwerken wie der Sandsteinkanzel aus dem Umfeld Tilman Riemenschneiders und den erst in jüngster Zeit freigelegten Wandmalereien aus verschiedenen Epochen. Ganz zum Schluss das Einkehren nicht vergessen!

Weinempfehlung

Es ist der halbtrockene Karlstadter Roßtal Rotling, ein frischer und belebender Wein vom *Winzerhof Schwalbennest*, der im *Restaurant Alte Brauerei* in Karlstadt ausgeschenkt wird und hier sowie im Weingut natürlich auch zu kaufen ist.

Thilo Castner

Informationen:

Tourist-Information Karlstadt, Hauptstr. 9, 97753 Karlstadt, Tel. 0 93 53/90 66 88, www.karlstadt.de

Tourist-Information Gemünden am Main, am Rathaus, Scherenbergstr. 4, 97737 Gemünden a. M., Tel. 0 93 51/80 01 70, www.stadt-gemuenden.info

Winzerhof-Weinstube Schwalbennest, Am Mühlbach 1, 97753 Karlstadt-Mühlbach, Tel. 0 93 53/9 09 01 00, www.schwalbennest.fwo.de, Jan, Mitte Mai, Okt und an Fasching Do–Sa ab 17.00, So ab 15.00.

Einkehrtipps:

Hotel-Restaurant Alte Brauerei, Hauptstr. 58, 97753 Karlstadt, Tel. 0 93 53/9 77 10, www.alte-brauerei-karlstadt.de, Mo–Mi und Fr–Sa 11.30–14.30 und 18.00–21.00, So 11.30–14.00.

Fränkischer Gasthof-Hotel Zum Koppen, Obertorstr. 22, 97737 Gemünden a. M., Tel. 0 93 51/9 75 00, www.hotel-koppen.de, Di–So 10.30–14.00 und ab 17.30.

Extras:

Mitte Jul–Mitte Aug finden im Burghof der Ruine Scherenberg die Gemündener Scherenburgfestspiele statt. www.scherenburgfestspiele.de

Am ersten Sep-Wochenende verwandelt sich der Karlstadter Marktplatz in eine einzige große Weinstube.

Karte:

Fritsch Freizeitkarte 1:50 000, Nr. 88 Main-Spessart.

24 Am Rockzipfel von Barock und Rokoko

Tour: Schifffahrt von Veitshöchheim nach Würzburg und zurück.
Länge: Hin- und Rückfahrt auf dem Schiff 14 km.
Dauer: Zweimal 40 Min.
Familie: Für jede Altersgruppe geeignet.
Saison: Apr–Okt.
Variante: Der Aufenthalt in Würzburg kann zu einem längeren Stadtrundgang genutzt werden. Rückfahrt dann evtl. vom Würzburger Hauptbahnhof aus.
Anfahrt: *Kfz:* Auf der B 27 von Würzburg oder Karlstadt bis Veitshöchheim. Parken am Mainkai unmittelbar neben der Schiffsanlegestelle. Zum Rokokogarten ist es von hier nur ein paar Minuten. *ÖPNV:* Mit dem Zug auf der Strecke Würzburg–Karlstadt bis Veitshöchheim. Der Bahnhof ist gleich hinter dem Rokokogarten.

Rokoko pur

Fürstbischof Johann Philipp von Greiffenclau erteilte Anfang des 18. Jahrhunderts den Auftrag, in Veitshöchheim, dort, wo bislang ein Sommerhaus mit Tiergarten stand, einen Zier- und Lustgarten nach französischem Vorbild anzulegen. Sein Nachfolger, Johann Philipp Franz von Schönborn, der Mitbegründer der Würzburger Residenz, setzte das Bauprojekt unter Mithilfe Balthasar Neumanns fort. Fertig war der Garten allerdings erst nach 100 Jahren, dann jedoch so vollendet, dass man seitdem schwärmerisch von einer der schönsten Rokoko-Anlagen Europas spricht.

Klar, dass der heutige Ausflug zunächst dieser Prachtanlage gilt. Den Besucher erwartet ein 240 Meter breites und 450 Meter langes Gartenparadies. Rund um das feudale Schloss, an dessen Entwurf Balthasar Neumann ebenfalls beteiligt war, hat man kunstvoll geformte Beete angelegt. Daneben befindet sich der Boskettgarten mit einer Vielzahl von Heckenkabinetten und Laubgängen, Pavillons, Brunnen und Skulpturen.

Glanzpunkt des Gartens ist der Große See – Wasserspiele sind von April bis Oktober täglich von 13 bis 17 Uhr, zu jeder vollen Stunde zu bewundern. In der Beckenmitte erhebt sich Pegasus, das geflügelte, zum Olymp aufsteigende Dichter-Ross, umringt von den neun Musen. Die 300 über das gesamte Areal verteilten Figuren stellen griechische und römische Göttinnen und Götter dar oder sind allegorische Darstellungen, z. B. der Jahreszeiten oder der schönen Künste. Das Grottenhaus am äußersten Ende des Gartens, eine künstliche Felsenarchitektur, ist mit Affen, Löwen, Drachen und anderem Getier bestückt. Vom oberen Teil der Grotte hat man einen schönen Blick auf die gesamte Anlage.

Alles in Ruhe anzuschauen dauert ein bis zwei Stunden, und diese Zeit sollte man sich schon nehmen. Auch eine Besichtigung des Schlosses ist interessant. Es wurde 2003 mit großem Aufwand restauriert. Eine weitere Möglichkeit ist ein kurzer Spaziergang durch den Ort und entlang der Mainpromenade.

Mainaufwärts

Nach dem Besuch des Gartens begeben wir uns nun also an Bord des Fahrgastschiffs, das zwischen Veitshöchheim und

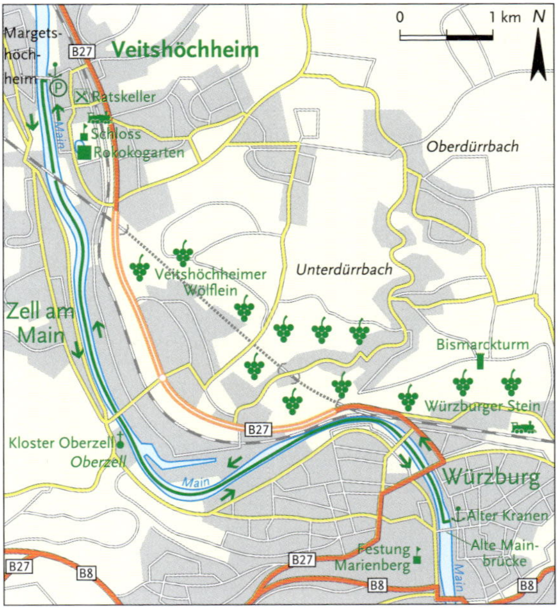

Würzburg, rechts die Festung Marienberg

Würzburg von April bis Oktober regelmäßig verkehrt. Der Main hat hier, obwohl noch rund 200 Kilometer von seiner Einmündung in den Rhein entfernt, bereits eine Breite von über 100 Metern. Träge und gemächlich fließt er dahin, sodass die Schiffe und Schleppkähne ohne große Mühe flussaufwärts kommen. Unser Passagierschiff schafft 13 Kilometer pro Stunde.

Der Main ist auf der linken Uferseite – stromaufwärts gesehen also rechts – üppig mit dichtem Buschwerk, Erlen und Weiden bewachsen. Dahinter erstrecken sich bewaldete Hügelketten. Hin und wieder kommen wir an Ausbuchtungen mit kleinen Seen und Inselchen vorbei. Ab und zu schwimmen Möwen und Flugenten auf dem Wasser. Das Schiffsungetüm scheint sie nicht sonderlich zu beeindrucken. Erst wenn der Bug sie fast schon erreicht hat, fliegen oder schwimmen sie lässig zur Seite.

Kurz hinter Veitshöchheim überspannt eine gewaltige Eisenbahnbrücke den Main. Es folgen, stromaufwärts rechts, Zell am Main und Kloster Oberzell, eine ehemalige Prämonstratenser-Abtei aus dem 17. Jahrhundert. Von Balthasar Neumann stammen die zwei Kuppeltürme, die ein verkleinertes Abbild seiner Werke in Brühl und Bruchsal sind.

Weinhänge sind lediglich auf der linken Seite hinter Veitshöchheim zu sehen. Die Stadt hat weniger durch Wein, dafür um so mehr durch die hier angesiedelte Bayerische Landesanstalt für Weinanbau und Gartenbau auf sich aufmerksam gemacht. Weinliebhabern bestens bekannt ist immerhin die Weinlage Veitshöchheimer Wölflein, die vom *Staatlichen Hofkeller* in Würzburg bewirtschaftet wird. Kurz vor der Domstadt erstreckt sich stromaufwärts links die weltberühmte Lage Würzburger Stein.

Barock, wohin man schaut

In Würzburg begrüßen uns zunächst einige Brücken, dann etliche Kirchtürme und in majestätischer Höhe die Festung Marienberg. Anlegestelle ist am Alten Kranen.

Es liegt nahe, bis zur Rückfahrt mindestens eine Stunde durch die Altstadt zu schlendern und einige der barocken Höhepunkte der Mainmetropole zu besichtigen, beispielsweise den Dom, die Residenz, den Hofgarten oder die Alte Mainbrücke. Möglich wäre aber auch ein ausgiebiger Stadtrundgang, wie er in der Tour 26 beschrieben ist. Nichts spricht dagegen, sich abschließend in einer der traditionsreichen Gast- oder Weinstuben verwöhnen zu lassen.

Auf der 40-minütigen Rückfahrt nach Veitshöchheim sollte man noch einmal mit offenen Augen die Naturschönheiten aufnehmen.

Weinempfehlung

Natürlich ist es diesmal ein Wein aus Veitshöchheim, und zwar ein trockener Blauburger, Lage Veitshöchheimer Wölflein, ein kräftiger, dunkel gefärbter samtiger Rotwein. Er wird ausgeschenkt im Veitshöchheimer *Weingut Hessler* und ist dort ganzjährig erhältlich.

Thilo Castner

Informationen:

Touristik GmbH im Würzburger Land, Erwin-Vornberger-Platz, 97209 Veitshöchheim, Tel. 09 31/9 80 2740, www.veitshoechheim.de oder www.wuerzburgerland.de

Schiffstouristik Würzburg, St. Norbert Str. 1, 97299 Zell, Tel. 09 31/5 85 73, www.schiffstouristik.de

Rokoko-Garten, Schloss Veitshöchheim, Echterstr. 10, 97209 Veitshöchheim, Tel. 09 31/9 15 82, tägl. 8.00–Einbruch der Dunkelheit (max. bis 20.00), Führungen buchbar über Touristik GmbH Würzburger Land.

Weingut Hessler, Wolfstalstr. 1, 97209 Veitshöchheim, Tel 09 31/9 16 37 oder 01 71/7 96 80 11, www.weingut-hessler.de, Weinverkauf Mo–Fr 8.00–19.00, Sa bis 17.00. Weinprobe nach telefonischer Vereinbarung.

Einkehrtipp:

Ratskeller Veitshöchheim, Erwin-Vornberger-Platz 3, 97298 Veitshöchheim, Tel. 09 31/32 92 95 60, www.ratskellerveitshoechheim.de, Mo–Sa 11.30–15.00 und 18.00–24.00, So 11.30–24.00, warme Küche Mo–Sa 11.30–14.00 und 18.00–22.00, So 11.30–22.00.

Hotel-Weinrestaurant Spundloch, Kirchstr. 19, 97209 Veitshöchheim, Tel 09 31/90 08 40, www.spundloch.com, Mo–Sa 7.00–22.00, So und Fei 8.00–22.00, warme Küche Apr–Okt ab 11.30, Nov–März tägl. ab 17.00, Sa–So und Fei auch 11.30–14.00.

Buchtipp:

Walter Tunk/Burkard von Roda: *Veitshöchheim – Schloss und Garten*, München 1997.

Karte:

Falk Stadtplan Würzburg (mit Veitshöchheim) 1:17 000.

Goethes Liebling 25

Tour: Wanderung auf dem Würzburger Steinweinweg.
Länge: 4 km.
Dauer: Reine Gehzeit 1 1/2 Std.
Höhenunterschied: Gut 50 m.
Markierungen: Grüne Bergsilhouette auf weißem Grund.
Familie: Für Kinder ab 6 Jahren kein Problem.
Saison: Das ganze Jahr über. Besonders reizvoll Ende Mai bis Ende Okt.
Anfahrt: *Kfz:* Auf der B 8 nach Würzburg bis zum Stadtring Nord und dort dem Hinweisschild »Weingut am Stein« folgen. Am Weingut parken. *ÖPNV:* Mit dem Zug zum Würzburger Hauptbahnhof. Nach Verlassen des Bahnhofs rechts zur Bismarckstraße und später nach rechts in die Rotkreuzstraße abbiegen. Die sich anschließende Rotkreuzsteige führt über Stufen direkt zum *Weingut am Stein.*

Des Geheimrats liebster Trunk

Nach einem alten Volksspruch wächst der beste Wein »zu Würzburg am Stein, zu Klingenberg am Main, zu Bacharach am Rhein«. Das wusste auch Goethe, der am 11. Februar 1801 an die Würzburger Hofkellerei schrieb, er wünsche sich »ein paar Flaschen Würzburger, wie ich solchen bei Herrn Hofrat Leder getrunken und ein paar Flaschen vorzüglich guten Steinwein«. Fünf Jahre später bat er: »Sende mir doch einige Würzburger, denn kein anderer Wein will mir schmecken, ich bin verdrießlich, wenn mir mein Lieblingstrunk abgeht«. Es war vor allem der 1783er Jahrgang, ein Jahrhundertwein, der dem Geheimrat mundete und den er immer wieder nachbestellte.

Die Lage Stein ist deshalb so vorzüglich, weil hier infolge des steil abfallenden Geländes die Sonneneinstrahlung sehr intensiv ist. Hinzu kommt, dass der Main Wärme speichert und dadurch Temperaturschwankungen verringert. Außerdem werden die Nordwinde abgehalten und die Westwinde durch die Innenkurve der Berghänge gemildert. In die Muschelkalkböden können die Rebwurzeln tief eindringen und die Trauben mit genügend Mineralstoffen und Wasser versorgen. Die hohe

Qualität des Steinweins führte dazu, dass für eine lange Zeit der Wein aus Franken »Steinwein« hieß.

Würzburg zu Füßen

Start unserer Wanderung ist das *Weingut am Stein*. Wir halten uns bis zum Ende des Rundgangs an die Markierung Grüne Bergsilhouette auf weißem Grund und biegen unmittelbar hinter dem Weingut nach links ein. Was uns erwartet, ist ein herrlicher Panoramaweg mit Blick auf die Mainschleife und das Stadtbild von Würzburg mit Türmen, Brücken und Weinhängen.

Die Wege des Rundgangs sind teilweise uralt, ab und zu umsäumt von wuchtigem Mauerwerk, auf dem die Wappen der jeweiligen Weingüter prangen. Etliche Stelen mit aufschlussreichen Informationen – z. B. über Historie und Eigenart des Weinbergs, über die hier angebauten Rebsorten sowie über einige der großartigen Bauwerke Würzburgs – laden zum Verweilen ein und machen deutlich, auf welch geschichtsträchtigem Boden wir wandeln. Das bezeugen auch die vielen Bildstöcke und die in die Mauern eingravierten Inschriften.

Spitzenlage bringt Spitzenweine

Angebaut werden auf dem Würzburger Stein vor allem Weißweinsorten. Es dominiert der klassische Silvaner, der allein über ein Drittel der Rebfläche einnimmt, gefolgt vom König der Weißweine, dem Riesling, der etwa 30 Prozent der Fläche ausmacht. Beide Sorten sind, was Boden und Klima angeht, äußerst anspruchsvoll und können hier wegen der günstigen Verhältnisse Spitzenqualitäten entwickeln. Klar, dass die drei großen Würzburger Weingüter, das *Bürgerspital zum heiligen Geist,* das Juliusspital und der *Staatliche Hofkeller,* auf dem Würzburger Stein ansehnliche Rebflächen besitzen.

Nach ca. 15 Minuten führt eine steile Treppe bergauf, in Richtung Schloss Steinburg. Wir gehen auf dem unteren Weg weiter nach Westen und kommen dann in einer großen Schleife zur 1897/98 im Tudorstil errichteten Steinburg. Schon vor Jahrhunderten stand hier ein »Castrum in Lapide«, eine hohenlohische Adelsburg, die jedoch völlig zerstört wurde. Der Ausblick auf Würzburg, auf die Mainbrücken und die jenseits des Mains liegenden Hügelketten mit der Festung Marienberg ist von hier oben einfach fantastisch.

Tusculum – ein historischer Weinberg

Kurz hinter der Steinburg, unterhalb der Rundkapelle, befindet sich ein kleiner Weingarten, so angelegt, wie vor Jahrhunderten üblich. Hier ist erkennbar, dass die Rebstöcke früher eng zusammenstanden und jeder Rebstock an einem Pfahl befestigt war, während die Stämme heute an dünnen Drähten hochgezogen werden. Damals kannte man nur Trockenmauern, die Unterschlupf für Tier und Pflanze boten. Die Bearbeitung des Bodens erfolgte nicht mit einer Fräse, sondern mehrmals im Jahr mit der Hacke, daher auch die Bezeichnung »Häcker« für den Weinbauern. Da auf diese Weise das Erdreich nicht allzu tief aufgelockert wurde, konnten Zwiebelgewächse wie Wildtulpe und Traubenhyazinthe zwischen den Rebstöcken herrlich gedeihen. Auch standen einst auf dem parzellierten Garten – auf dem »Wengert«, wie der Unterfranke sagt – verschiedene Rebsorten nebeneinander und wurden auch vermischt gekeltert.

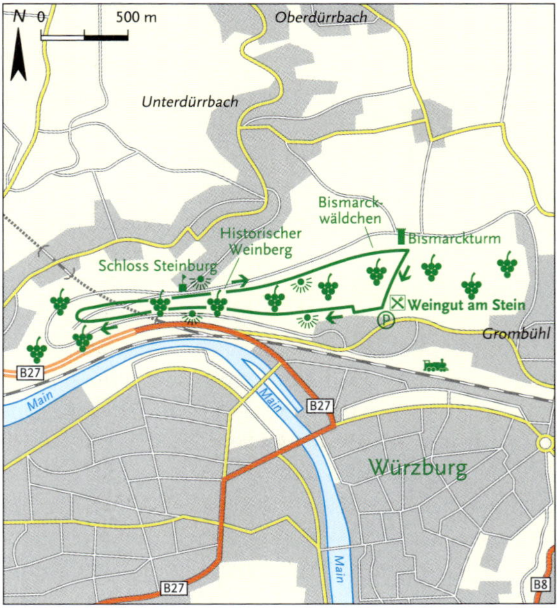

Fass auf dem *Weingut am Stein* mit dem berühmten Sechszeiler Goethes über die wundersame Wirkung des Weins im Alter

Nach dem Tusculum geht es weiter bergauf – der Blick auf die barocke Bischofsstadt und das liebliche Maintal ist nach wie vor berauschend schön. Kleine Schilder an den Rebflächen verraten, welche Weinsorte angebaut wird. Unterhalb des Bismarck-Wäldchens, eines um 1900 künstlich angelegten Baumgürtels, beginnt der Abstieg zum *Weingut am Stein.*

Weinkultur im Weingut

Hier einzukehren und sich im angeschlossenen Restaurant Weinstein mit Steinwein und köstlichen Gerichten verwöhnen zu lassen, ist Ehrensache. Sandra und Ludwig Knoll, die Eigentümer des *Weingutes am Stein,* bemühen sich erfolgreich um neue Qualitätsstandards. So werden die Reben intensiv zurückgeschnitten, denn je geringer die erzeugte Menge, desto höher die Qualität des Weins. Die Trauben werden bei der Ernte grundsätzlich handverlesen und bereits am Weinberg selektiert. Großer Wert wird auch auf langsame Gärungsprozesse und ein behutsames Filtern gelegt, damit ein möglichst sortentypisches Fruchtaroma erhalten bleibt. So entstehen erlesene fruchtig-frische Weine. Wer auf Süßigkeiten steht, lässt sich hausgemachtes Silvaner-Gelee und Silvaner-Auslese-Trüffel schmecken.

Familie Knoll bietet ihren Besuchern aber auch kulturelle Höhepunkte. Am 1. Mai wird in Form einer Vernissage der junge Wein präsentiert, begleitet von einem Künstler und seinen Werken. Mitte Juni findet zwei Wochen lang das Hoffest mit Jazz, Latin und Soul statt. In den Monaten Juli und August kann man im Hof des Weingutes das Sommertheater erleben. Vor bis zu 300 Zuschauern kommt jedes Jahr ein anderes Lustspiel zur Aufführung.

Wer nach der Wanderung noch etwas von Würzburg sehen möchte, findet Hinweise und Anregungen in der Tour 26.

Weinempfehlung

Da die Silvanertraube am Stein dominiert, liegt es nahe, einem Silvaner vom Würzburger Stein die Ehre zu erweisen, und zwar dem trockenen Kabinettwein vom *Weingut am Stein*. Er ist ein wahrer Klassiker, frisch und voller Duft, im Mund saftig und kraftvoll, der seiner berühmten Lage gerecht wird. Verkosten und kaufen kann man ihn natürlich im Weingut.

Thilo Castner

Informationen:

Tourist-Information Würzburg, im Falkenhaus, Marktplatz 9, 97070 Würzburg, Tel. 09 31/37 23 98, www.wuerzburg.de

Weingut am Stein, Mittlerer Steinbergweg 5, 97080 Würzburg, Tel. 09 31/2 58 08, www.weingut-am-stein.de, Weinverkauf Mo–Fr 10.00–12.30 und 14.00–18.00, Sa 10.00–14.00.

Einkehrtipps:

Hotel-Weinrestaurant Schloss Steinburg, Mittlerer Steinbergweg 100, 97080 Würzburg, Tel. 09 31/9 70 20, www.steinburg.com, tägl. 7.00–23.30

Restaurant REISERS am Stein, Mittlerer Steinbergweg 5, 97080 Würzburg, Tel. 09 31/28 69 01, www.der-reiser.de, Mo–Sa ab 17.30.

Extras:

Im *Weingut am Stein* in der zweiten Jul-Hälfte musikalisches Hoffest mit verschiedenen Bands. Apr–Nov geführte Rundgänge durch die Weinberge.

Mehrmals im Jahr kulinarische Kochkurse im *REISERS*. Frühzeitige Reservierung notwendig.

Karte:

Falk-Stadtplan Würzburg. 1:17 000.

Maulaffen und Bocksbeutel

26

Tour: Rundgang durch die Würzburger Innenstadt.
Länge: Ca. 6 km.
Dauer: Reine Laufzeit etwa 2 Std.
Markierungen: Über weite Strecken braune Hinweisschilder des Altstadtrundgangs.
Familie: Möglich für Kinder ab 6 Jahren.
Saison: Das ganze Jahr über möglich.
Anfahrt: *Kfz:* Von der A3 oder A7 auf die B27, von dort auf die Veitshöchheimer Straße und über die Friedensbrücke zum Parkplatz Talavera (vgl. Stadtplan); *ÖPNV:* Hauptbahnhof Würzburg, von dort nach rechts den Röntgenring hinunter und über die Friedensbrücke oder per Straßenbahnlinie 2 bis Haltestation Talavera. Von dort hinunter zum Main.

Fränkische Wein- und Bischofsstadt

Am Mainufer angekommen, sind wir gleich mit zwei der berühmtesten Wahrzeichen Würzburgs konfrontiert: Im Norden erhebt sich eindrucksvoll die berühmte Weinlage Würzburger Stein, die schon Goethe zu schätzen wusste (siehe Tour 25), und im Westen prangt die Festung Marienberg, viele Jahrhunderte Sitz der Fürstbischöfe.

Die um 1000 v. Chr. errichtete keltische Festung auf dem Marienberg wurde gegen 650 fränkischer Herrschersitz und als »castellum Virtheburh« 704 erstmals urkundlich erwähnt. Bald darauf wurde das Bistum Würzburg begründet und der erste Dom gebaut. 1030 schließlich erhielt der Bischof Münz-, Zoll- und Marktrecht – aus der Königs- wurde eine Bischofsstadt.

Wohl auch in dieser Zeit begann die Geschichte des städtischen Weinbaus, wenngleich die erste urkundliche Bestätigung des Hofkellers erst aus dem Jahre 1128 stammt. Heute besitzt die Stadt drei der renommiertesten Weingüter Deutschlands, die vom günstigen Klima und der vorteilhaften Lage der Stadt mit ihren Hang- und Steillagen und den Wärme speichernden Muschelkalkböden profitieren.

Hinein ins barocke Vergnügen

Wir gehen zunächst direkt zum Mainufer hinunter und auf der anderen Flussseite unter Platanen auf der Leonhard-Frank-Promenade zur Alten Mainbrücke, die im 16. Jahrhundert anstelle einer romanischen Brücke errichtet wurde. Unter den ehrwürdigen Blicken zahlreicher Heiligenfiguren gelangen wir auf die andere Uferseite und biegen gleich nach dem Rathaus Grafeneckart mit seinem romanischen Turm nach links ab in Richtung Marktplatz. Während man an der spätgotischen Marienkapelle mit zahlreichen Kunstschätzen vorbeischlendert, bleibt der Blick bald am weiß-gelben Rokoko-Stuckwerk des »Hauses zum Falken« hängen, das – ein ehemaliges Gasthaus – heute u. a. als Tourist-Information dient.

Nachdem wir uns dort mit einem Stadtplan versorgt haben, folgen wir dem Kürschnerhof in Richtung der imposanten Würzburger Sakralbauten: Zunächst kommt das Neumünster, ursprünglich eine romanische Basilika aus dem 11. Jahrhundert, die über der Grabstätte des 689 ermordeten irischen Franken-Missionars Kilian und seiner Gefährten errichtet und zwischen 1710 und 1716 mit Kuppel und Barockfassade versehen wurde. Durch einen Zugang nördlich vom Chor der Neumünsterkirche gelangt man auch ins sogenannte Lusamgärtlein, in dem ein Grabdenkmal für den Minnesänger Walther von der Vogelweide steht, der im 12. Jahrhundert neben schönen Frauen auch den deutschen Wein besang.

Der Dom St. Kilian gleich neben dem Neumünster stellt ein Hauptwerk der deutschen Baukunst des 11. und 12. Jahrhunderts dar und ist unter anderem die Grabstätte der Fürstbischöfe aus dem Hause Schönborn, die sich, wie wir noch erfahren werden, auch um den Weinbau sehr verdient gemacht haben.

Über Paradeplatz und Hofstraße führt uns der Weg sodann schnurstracks zu dem weltberühmten Wahrzeichen Würzburgs, der von Balthasar Neumann konzipierten Residenz. Sie überstand auf wundersame Weise die verheerende Bombardierung der Stadt im Jahre 1945 und gilt mit ihrem Treppenhaus und dem Tiepolo-Deckengemälde sowie den zahlreichen Prunksälen als eines der bedeutendsten Schlösser Europas. Am rechten Seitenflügel lockt zusätzlich der prächtige barocke Hofgarten, der zu jeder Jahreszeit einen Besuch wert ist.

Der *Staatliche Hofkeller*

Linker Hand der Residenz kommt dann der edle Rebensaft zu seinem angestammten Recht, denn hier hat der *Staatliche Hofkeller* seinen Sitz. Urkundlich zum ersten Mal erwähnt im Jahre 1128 und lange im fürstbischöflichen Besitz, gehört das heutige Staatsweingut mit seinen 150 Hektar Rebfläche und insgesamt 19 Qualitäts- und Spitzenlagen zu Deutschlands Traditionsweingütern. Es bietet öffentliche Weinproben und Kellerführungen an, die unter der Residenz im historischen Hofkeller stattfinden. Dieser wurde wie die Residenz von Balthasar Neumann geschaffen, der von Fürstbischof Johann Philipp Franz von Schönborn den Auftrag erhalten hatte, in die ab 1720 neu zu errichtende Bischofsresidenz einen »vorzüglichen Weinkeller« einzuplanen. Mit seiner Grundfläche von über 4500 Quadratmetern gilt das Gewölbe heute als einer der schönsten Weinkeller der Welt, in dem auch zahlreichen königlichen Häuptern, wie dem Märchenkönig Ludwig II. oder Kaiser Wilhelm I., edle Tropfen kredenzt wurden.

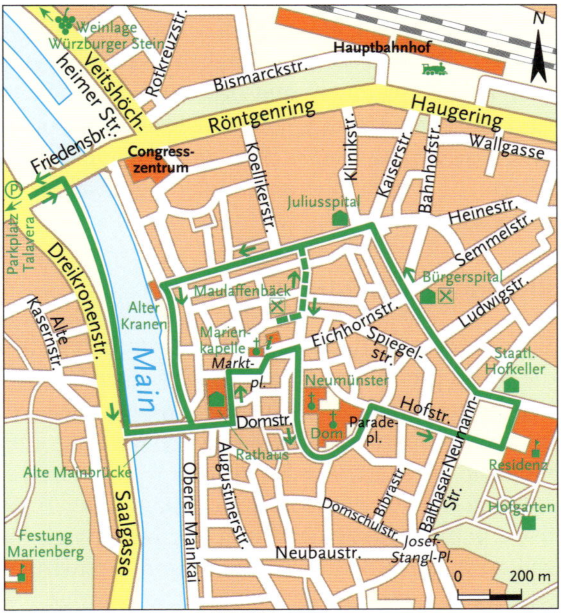

Das *Bürgerspital* – Geburtsort des Bocksbeutels

Nach dem Besuch im Weinladen des *Staatlichen Hofkellers* wenden wir uns nach rechts und laufen die Theaterstraße hinauf, vorbei am Mainfranken-Theater, bis wir nach ca. 300 Metern auf unser nächstes Ziel treffen, das *Bürgerspital zum Heiligen Geist*, das ebenfalls untrennbar mit der fränkischen Weingeschichte verbunden ist. Denn aus der ursprünglichen Stiftung als Pfründnerheim für arme alte Würzburger Bürger (1319) wurde im Verlauf der Zeit durch weitere Zustiftungen und -käufe mit 140 Hektar auch eines der größten Weingüter Deutschlands, dessen Hauptrebsorte der Riesling ist. Um gegen dreiste Weinfälscher gerüstet zu sein, beschloss der Stadtrat 1726, die in den Kellern des *Bürgerspitals* lagernden Weine des überragenden Jahrgangs 1718 in runden Einliterflaschen mit dem Stadtsiegel zu »verpetschieren«. Damit war der Bocksbeutel geboren, dessen Herkunftsbezeichnung, wie Johann Baptist Sartorius 1862 erklärte, auf eben diese »gedrückte, runde, nach Art des Beutels oder Hodensacks der Böcke geformte Flasche« zurückgeht. Andere Erklärungen berufen sich auf den Bugsbeutel, eine Flasche, die mit einem Gurt am »Bug« befestigt wurde, oder auf den Bookesbeutel, einen niederdeutschen Gebetsbeutel.

Auch im *Bürgerspital* besteht die Möglichkeit zu Betriebs- und Kellerführungen mit anschließender Weinprobe in den romantischen Kellergewölben. Die *Weinstuben des Bürgerspitals* gleich nebenan bieten dem hungrig gewordenen Besucher zahlreiche Köstlichkeiten aus der fränkischen und internationalen Küche.

Bischöfliche Stiftung *Juliusspital*

Eine weitere Möglichkeit zur kulinarischen Einkehr bietet auch die letzte große Station auf unserer Runde, das nicht minder berühmte *Juliusspital*. Wir gehen weiter über die Theatergasse bis zum Barbarossaplatz, von dort nach links auf die Juliuspromenade. Diese ist, wie das dortige *Weingut*, nach dem Gründer *Julius Echter* von Mespelbrunn benannt, der 1576 die gleichnamige gemeinnützige Stiftung ins Leben rief. Von Beginn an sollten neben Erlösen aus land- und forstwirtschaftlichen Besitzungen auch die Erträge des dazugehörigen Weingutes den Bedürftigen zugute kommen. Heute gehört das *Juliusspital* mit

168 Hektar Gesamtfläche zu den renommiertesten und größten deutschen Weingütern und besitzt als einziges Weingut der Stadt Rebflächen in allen fünf fränkischen Spitzenlagen: Würzburger Stein, Randersackerer Pfülben, Iphöfer Julius-Echter-Berg, Rödelseer Küchenmeister und Escherndorfer Lump. Der Schwerpunkt wird hier vor allem auf den klassischen Silvaner und den Riesling gelegt. Genießen kann man die große Palette der Weine zu erlesenen Speisen in den angeschlossenen Weinstuben, bei Weinproben oder bei Führungen durch das Weingut und das historische Kellergewölbe.

Eigene Brotzeiten beim *Maulaffenbäck*

Wer es einfacher und rustikaler liebt, dem sei ein Abstecher die Schönbornstraße hinunter und rechts in die Maulhardgasse in die *Weinstube Maulaffenbäck* empfohlen. Der etwas befremdlich klingende Name geht auf den klatschfreudigen Weinstuben-Besitzer zu Beginn des 20. Jahrhunderts zurück. Ein »Bäck« ist eine Würzburger Besonderheit: Als nach den Napoleonischen Kriegen zu Beginn des 19. Jahrhunderts viele ansässige Weinbauern aufgrund von hohen Steuern und Misswuchs ihren Besitz aufgaben, sprangen einige geschäftstüchtige Bäcker ein, kauften die Weinberge auf und erwarben gleichzeitig eine Konzession für den Weinausschank. So konnten sie in ihren

Residenz und Hofgarten

Weinstuben gleichzeitig ihr frisches Brot anbieten. Weil das neue Metier weit ertragreicher war, konzentrierten sie sich bald ganz auf den Wein und erlaubten fortan den Gästen, sich zum gereichten Schoppen eine eigene Brotzeit mitzubringen – eine Tradition, die sich bis heute gehalten hat.

St. Kilian – vermeintlicher Schutzherr der Winzer

Höchstwahrscheinlich satt und zufrieden streben wir schließlich den Weg über die Juliuspromenade geradewegs auf das Mainufer zu. Beim Alten Kranen, einem 1772/73 von Balthasar Neumanns Sohn Franz Ignaz Michael erbauten Wahrzeichen der Stadt, das den Güterumschlag zwischen Schiffen und Fuhrwerken stark vereinfachte, biegen wir nach links ab und laufen entlang des vor allem in den Abendstunden idyllischen Mainkais bis zur Alten Mainbrücke. Dort passieren wir unter anderem die Statue des Heiligen Kilian, den Joseph Victor von Scheffel in seinem Frankenlied fälschlicherweise als »der Winzer Schutzherr« tituliert hat – in Wirklichkeit hat der Heilige Urban diese Aufgabe inne. Doch wir halten uns nicht mit diesen Spitzfindigkeiten auf, werfen lieber noch einen abschließenden Blick auf den Würzburger Stein und freuen uns schon darauf, die herrliche Bischofs- und Weinstadt bald wieder zu besuchen.

Weinempfehlung

Da Würzburg eine Sonderrolle unter Frankens Weinstädten innehat, empfehle ich diesmal drei exquisite Weine von den drei ansässigen Weingütern:

Vom *Staatlichen Hofkeller* den Hörsteiner Abtsberg, eine Rieslaner Spätlese, deren feine Frucht begeistert; vom *Bürgerspital* den trockenen Riesling Kabinett der Würzburger Stein-Harfe mit feinem Aprikosenduft und vom *Juliusspital* den Müller-Thurgau Würzburger Stein, einen trockenen Qualitätswein, würzig, mit feinem Muskataroma. Diese Weine sind sowohl in den Weingütern selbst als auch im örtlichen Fachhandel erhältlich.

Jan Castner

Informationen:

Tourist-Information Würzburg, im Falkenhaus, Marktplatz 9, 97070 Würzburg, Tel. 09 31/37 23 98, www.wuerzburg.de

Staatlicher Hofkeller Würzburg, im Rosenbachpalais, Residenzplatz 3, 97070 Würzburg, Tel. 09 31/3 05 09 23, www.hofkeller.de, Vinothek Mo–Fr 9.00–18.00, Sa 10.00–14.00, Apr–Dez Sa bis 16.00.

Weingut Bürgerspital zum Heiligen Geist, Theaterstr. 19, 97070 Würzburg, Tel. 09 31/3 50 34 41, www.buergerspital.de/weingut, Mo–Do 8.00–17.00, Fr. 8.00–15.00.

Weinhaus des Bürgerspitals zum Heiligen Geist, Ecke Theater-/Semmelstr., Tel. 09 31/3 50 34 03, Mo 9.00–18.00, Di–Sa 9.00–24.00, So 11.00–24.00.

Weingut Juliusspital, Klinikstr. 1, 97070 Würzburg, Tel. 09 31/3 93 14 00, www.juliusspital.de/weingut oder www.weingut-juliusspital.de

Weineck Julius Echter, Vinothek des *Weingutes Juliusspital*, Koellikerstr. 1–2, 97070 Würzburg, Tel. 09 31/3 93 14 50, Mo–Fr 9.30–18.30, Sa 9.00–16.00.

Einkehrtipps:

Bürgerspital Weinstuben, Theaterstr. 19, 97070 Würzburg, Tel. 09 31/35 28 80, www.buergerspital-weinstuben.de, tägl. 10.00–24.00.

Weinstuben Juliusspital, Juliuspromenade 19, 97070 Würzburg, Tel. 09 31/5 40 80, www.juliusspital-weinstuben.de, tägl. 10.00 – 24.00.

Weinstube Maulaffenbäck, Maulhardgasse 9, 97070 Würzburg, Tel. 09 31/5 23 51, www.metzgerei-hein-hofmann.de/maulaffen.html, Mo–Fr 10.00–22.00, Sa 10.00–23.00.

Extras:

Einen ausführlichen Überblick über das Angebot an Weinfesten, Verkostungsmöglichkeiten und Ereignissen rund um den Würzburger Wein bieten die Internetseite der Stadt Würzburg unter der Rubrik »Weingenuss« und der Fränkische Weinbauverband unter www.frankenwein-aktuell.de

Buchtipp:

Dieter Schäfer: *Geschichte Würzburgs. Von den Anfängen bis zur Gegenwart,* München 2003.

Karte:

ADAC-Stadtplan Würzburg 1:11 000.

Fürstlicher Spätburgunder 27

Tour: Rundwanderung von Miltenberg über Bürgstadt zum Centgrafenberg.
Länge: Rund 15 km.
Dauer: Reine Gehzeit 3–4 Std.
Höhenunterschied: Ca. 60 m.
Markierung: Über die gesamte Strecke das Zeichen mit dem Rotweinglas.
Saison: Das ganze Jahr über möglich. Besonders reizvoll Mai–Okt.
Besonderheiten: Bei heißem Wetter ist die Tour recht anstrengend, Sonnenschutzmittel und genügend Getränke einpacken.
Familie: Für Kinder ab 12 Jahren zumutbar.
Variante: Wer die Tour abkürzen will, besteigt am Miltenberger Bahnhof den Bus 82 und fährt bis zur Haltestelle Tabakshalle in Bürgstadt. Hier ist der Ausgangspunkt des Centgrafenwegs.
Anfahrt: *Kfz:* Miltenberg am Main ist von Osten über Wertheim, von Norden über Klingenberg und von Westen über Amorbach erreichbar. Parken am Miltenberger Bahnhof oder auf einem der nahen Großmarkt-Parkplätze. *ÖPNV:* Mit dem Zug zum Miltenberger Bahnhof.

Der fränkische Rotweinwanderweg

Der fränkische Rotweinwanderweg erstreckt sich auf einer Länge von 50 Kilometern in unmittelbarer Nähe des Untermains von Großwallstadt bis Bürgstadt. Bedingt durch die sonnendurchfluteten Terrassen auf den Buntsandsteinhängen wächst hier einer der besten Rotweine Deutschlands. Besonders die Lage Centgrafenberg bei Bürgstadt gilt Kennern als Eldorado des Spätburgunders. Das knapp zehn Kilometer lange Teilstück Centgrafenweg ist Mittelpunkt des heutigen Ausflugs.

Markierung Rotweinglas

Wir starten am Bahnhof von Miltenberg, gehen nach links auf der Brückenstraße bis zum Brückenturm und orientieren uns von nun an ausschließlich an der Markierung Rotweinglas. Wir biegen links in die Main- und Jahnstraße ein, laufen am Hallenfreibad vorbei, und nach 20–30 Minuten ist Bürgstadt erreicht.

Im Zentrum des Städtchens stoßen wir auf das historische Rathaus von 1590, geschmückt mit Volutengiebeln und betürmten Dachgaupen. Gegenüber finden wir im Fremdenverkehrsbüro ausführliche Informationen zum Centgrafenweg. Wir schwenken nach rechts in die Hauptstraße, vorbei am *Weinhaus Stern*. Nach ein paar Minuten, immer der Markierung folgend, erreichen wir die Bushaltestelle Tabakshalle, und hier, in der St.-Urban-Straße, beginnt die gut zweistündige Rundwanderung.

Der Weg ist ausreichend markiert und mit Tafeln bestückt, die über die nach wie vor schwere Arbeit der Winzer, den geologischen Aufbau des Centgrafenbergs und die hier angebauten Rebsorten informieren. Die nach Süden ausgerichteten

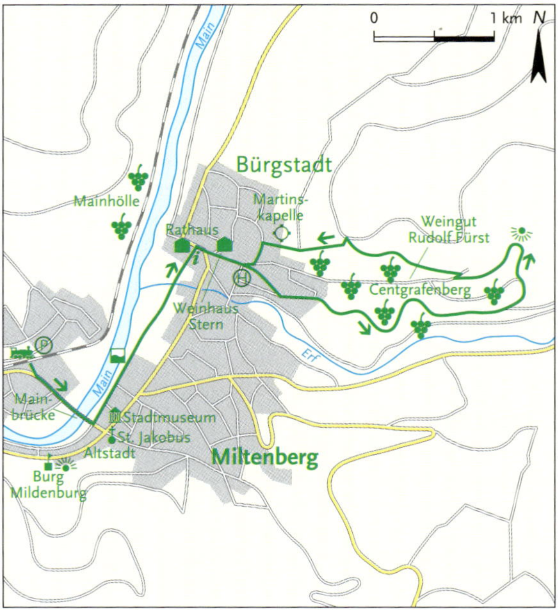

Gasthaus Zum Riesen, wahrscheinlich das älteste Gasthaus Deutschlands

Rebhänge sind mit einem Gefälle von bis zu 50 % sehr steil. Die mineralhaltigen Verwitterungsböden und das milde Mikroklima sind ideale Bedingungen für den Anbau von Rotweintrauben. Die ummauerten Terrassen verhindern ein schnelles Abfließen des Regenwassers. Da der Einsatz von Maschinen auf den Steilhängen kaum möglich ist, wird fast ausschließlich per Hand gearbeitet – beim Pflanzen und Schneiden der Weinstöcke sowie bei der Bodenpflege und während der Weinernte. Einige Rebflächen sind aufgelassen, denn nur auf den besseren Lagen lohnt sich heute der hohe Arbeitsaufwand.

Eine Bilderbuchlandschaft

Unsere Route verläuft zunächst im unteren Teil des Centgrafenbergs – der stufenförmige Aufbau der Weinberge ist von hier aus gut zu erkennen. Die kleinen Weinberghäuschen inmitten der Rebflächen nutzen die Winzer für die Aufbewahrung ihrer Arbeitsgeräte, hier suchen sie Schutz vor überraschenden

Regenfällen, hierhin ziehen sie sich für eine gelegentliche Vesperpause zurück.

Der Weg führt uns allmählich in einer großen Schleife hoch hinauf. Der Ausblick weitet sich über Miltenberg bis zu den Ausläufern des Odenwalds, später bis zur Lage Mainhölle oberhalb des rechten Mainufers. Das kräftige Grün der Rebblätter hebt sich farblich von dem rötlich-braunen Untergrund kontrastreich ab. Hier sollte man unbedingt eine Rast einplanen und die herrliche Aussicht genießen!

Sehenswertes Bürgstadt

Wenn nach gut zwei Stunden der Ausgangspunkt des Centgrafenwegs an der Tabakshalle erreicht ist, eilen wir nicht gleich nach Miltenberg zurück, sondern bleiben noch ein wenig in Bürgstadt. Hier empfiehlt sich die Besichtigung der romanischen Martinskapelle, der weit und breit ältesten und hinsichtlich der Ausstattung schönsten Kirche in der ganzen Region. Wenn die Eingangstür verschlossen ist, kann man den Schlüssel in der Gärtnerei nebenan holen.

Auch ein Besuch des *Weinguts Rudolf Fürst* dürfte für Weinliebhaber sehr attraktiv sein. Familie Fürst betreibt den Weinanbau seit 1638, und die gegenwärtigen Eigentümer haben in jüngster Zeit viele Preise und Auszeichnungen, vor allem für ihre exzellenten Rotweine, eingeheimst. Das Gut liegt mitten im Centgrafenberg und ist über den Hohenlindenweg erreichbar. In Bürgstadt sollte man auf alle Fälle den Centgrafenberger Spätburgunder probieren.

Miltenberg, Perle am Main

Zum Abschluss darf natürlich ein Abstecher in die Miltenberger Altstadt nicht fehlen. Wer nicht laufen will, nimmt wiederum die Buslinie 82 (Bitte beachten, dass der Bus zwar werktags alle zwei Stunden fährt, am Samstag aber insgesamt nur dreimal und sonntags überhaupt nicht!).

In Miltenberg begeben wir uns am besten gleich zum Fremdenverkehrsamt im Rathaus und holen uns das Faltblatt *Rundgang durch die Altstadt*. Hier sind 22 Sehenswürdigkeiten aufgelistet und anhand eines Stadtplans ausführlich erläutert.

Alles kann man in der verbleibenden Zeit natürlich nicht anschauen. Zunächst reicht es, in aller Ruhe durch die Hauptstraße vom Würzburger Tor bis zum Marktplatz zu schlendern. Allein schon die vielen schmucken Fachwerkhäuser mit ihren stattlichen hohen Giebeln werden zu einem besonderen Erlebnis.

Am Marktplatz, dem Prunkstück Miltenbergs, angekommen, lohnt sich ein Besuch der St.-Jakobus-Kirche, und wer noch nicht zu müde ist, sollte den kurzen Aufstieg zur Mildenburg nicht scheuen. Die um 1200 von Mainzer Erzbischöfen errichtete Anlage ist im Laufe der Geschichte wiederholt erweitert, zerstört und wieder aufgebaut worden, und man hat von der Burgterrasse aus einen imposanten Ausblick auf die Stadt und das Maintal.

Auch das Stadtmuseum am Hauptmarkt, in einem der schönsten Fachwerkhäuser untergebracht, lohnt mit seiner reichen Sammlung zur Kulturgeschichte der Stadt und des Umlands einen Besuch.

Liebhaber alter Wirtshäuser werden wahrscheinlich nicht versäumen, im *Gasthaus zum Riesen* in der Hauptstraße einzukehren. Das Haus war über die Jahrhunderte Trinkstube von Königen und Kurfürsten und gilt als das älteste Gasthaus Deutschlands. Wer eine besonders preiswerte und weniger frequentierte Gaststätte bevorzugt, sucht den *Weinhof Steuer* unweit des Würzburger Tors auf.

Weinempfehlung

Es muss sicherlich nicht näher begründet werden, warum ausgerechnet der trockene Spätburgunder vom Centgrafenberg bei Bürgstadt aus dem *Weingut Rudolf Fürst* empfohlen wird. Dieser Klassiker des Rotweins, in Holzfässern gelagert, ist zwar etwas teurer als andere Kabinettweine, aber eben mit seinem vollen, samtigen Geschmack ein absolutes Spitzenprodukt. Wer den Weg zum Winzerhof umgehen will, kann den edlen Tropfen im Bürgstadter *Hotel-Weinhaus Stern* jederzeit probieren und sich hier vorzüglich verköstigen lassen – das Restaurant zählt zu den ersten Adressen in Bayern.

Thilo Castner

Informationen:

Tourismusgemeinschaft Miltenberg-Bürgstadt-Kleinheubach, im Rathaus, Engelplatz 69, 63897 Miltenberg, Tel. 0 93 71/40 41 19, www.miltenberg.info oder www.buergstadt.info, Mo–Fr 9.00–17.00.

Weingut Rudolf Fürst, Hohenlindenweg 46, 63927 Bürgstadt a. M., Tel. 0 93 71/86 42, www.weingut-rudolf-fuerst.de

Einkehrtipps:

Hotel-Weinhaus Stern, Hauptstr. 23/25, 63927 Bürgstadt, Tel. 0 93 71/4 03 50, www.hotel-weinhaus-stern.de, Mo–Di, Fr 18.00–21.00, Sa–So zusätzlich 12.00–13.30.

Gasthaus Zum Riesen, Hauptstr. 99, 63897 Miltenberg, Tel. 0 93 71/98 99 48, www.riesen-miltenberg.de, Mo–Mi 11.00–24.00, Do–Sa bis 1.00, So bis 23.00.

Wein-/Gasthof Steuer, Hauptstr 42, 63897 Miltenberg, Tel. 0 93 71/72 86, www.weinhof-steuer.de, Mo–Sa 10.30–22.00, So bis 21.00, warme Küche tägl. 11.30–14.00 und ab 17.30.

Extras:

Museum der Stadt Miltenberg, Hauptstr. 169–175, 63897 Miltenberg, Tel. 0 93 71/66 85 04, www.museum-miltenberg.de, Karsamstag–1. Nov Di–So 10.00–17.30, 2. Nov–31. Jan Mi–So 11.00–16.00. Führungen auch außerhalb der Öffnungszeiten möglich.

Täglich Schiffsrundfahrten ab Miltenberg mit Reederei Henneberger, Mainanlage, 63897 Miltenberg, Tel. 0 93 71/33 30, www.reederei-henneberger.com

St. Kilian Kellerei, Hauptstr. 241–245, 63897 Miltenberg, Tel. 0 93 71/21 20, www.st-kilian-kellerei.de, Vinothek Mo und Mi–Sa 15.00–18.00. Kellerbesichtigung während der Öffnungszeiten möglich, zusätzlich So 15.00–18.00 (ohne Beratung/Verkauf).

Miltenberger Stadtfest am ersten Jul-Wochenende.

Miltenberger Michaelismesse Ende Aug–Anfang Sep. Näheres unter www.michaelismesse.de oder bei der Tourismusgemeinschaft Miltenberg-Bürgstadt-Kleinheubach. Adresse s. o.

Karte:
Fritsch Wanderkarte 1:50 000, Nr. 99 Naturpark Spessart, Blatt Süd.

28 Vergangenheit auf Schritt und Tritt

Tour: Tagesausflug mit dem Schiff von Miltenberg nach Wertheim, zurück per Rad.
Länge: Hin und zurück je rund 35 km.
Dauer: Mit dem Schiff gut 3 Std., mit dem Rad zurück 2–2 1/2 Std.
Familie: Die Hinfahrt auf dem Schiff ist für jede Altersstufe sehr angenehm. Die Rückfahrt per Rad ist für Kinder ab 12 Jahren problemlos.
Saison: Anfang Mai–Anfang Okt.
Variante: Wer die Rückfahrt mit dem Rad umgehen will, fährt nach dem ca. 2-stündigen Aufenthalt mit dem Schiff zurück nach Miltenberg oder benutzt die Bahn.
Anfahrt: *Kfz:* Miltenberg ist von Osten über Wertheim, von Norden über Klingenberg und vom Westen über Amorbach erreichbar. Parkmöglichkeiten an der Schiffsanlegestelle. *ÖPNV:* Mit dem Zug zum Miltenberger Bahnhof. Von hier auf der Brückenstraße zur Mainbrücke, rechter Hand des Brückenturms ist die Anlegestelle.

Wunderbares Maintal

Das rund 35 Kilometer lange Tal von Miltenberg nach Wertheim ist als »deutsche Ideallandschaft« beschrieben worden. Der Main hat sich hier zwischen Spessart und den Ausläufern des Odenwalds ein kurvenreiches Bett geschaffen, das umgeben ist von blühenden Wiesen und bewaldeten Berghängen. Am Wasser sind Flugenten und Reiher zu beobachten, hoch am Himmel schweben Bussard und Falke, die in den Höhlen der blutroten Sandsteinbrüche optimale Nistmöglichkeiten finden. Mitunter ähneln die Partien rechts und links des Mains einem Landschaftspark. Den Besucher erwartet ein Naturerlebnis besonderer Art.

Städte, Burgen und Ruinen

Nachdem wir das Schiff in Miltenberg bestiegen haben, fließt unter uns der Main bedächtig dahin, sanft gekräuselt vom Wind und den Bugwellen. Dem Zauber des Flusses kann sich niemand entziehen. Die Landschaft gleitet langsam vorüber und vermittelt einen nur durch die Schifffahrt möglichen Genuss.

Die erste Station nach Miltenberg ist Bürgstadt, berühmt durch den hinter dem Städtchen liegenden Centgrafenberg (siehe Tour 27). Auf der anderen Uferseite befindet sich die nicht minder bekannte Weinlage Mainhölle, daneben ein Buntsandsteinbruch, der sich mit seinem leuchtenden Rot markant vom Grün der bewaldeten Berghänge abhebt.

Bald darauf folgt das sehenswerte Freudenberg. Nur eine Straße mit Häuserreihen auf beiden Seiten hat Platz, so eingeengt liegt der Ort zwischen Fluss und Berg. Hoch über der Stadt thront die Ruine Freudenburg. Unmittelbar hinter dem Doppeldorf Reistenhausen-Fechenbach befindet sich eine weitere Ruine. Es handelt sich dabei um die Trümmer der Collenburg, die ehemalige Stammburg der Odenwaldritter. 1525

niedergebrannt, soll die Burg zum Fanal der aufständischen Bauern geworden sein.

Die größte Burgruine Deutschlands

Den stärksten Eindruck hinterlässt fraglos die Henneburg oberhalb von Stadtprozelten, eine Anlage von außerordentlichen Ausmaßen und nach Ansicht mancher Historiker die gewaltigste Ruine in Deutschland. Die Burg gehörte im 13. Jahrhundert den Wertheimer Grafen, wechselte dann in den Besitz des Deutschen Ordens und fiel später an die Stadt Mainz. 1525, im Bauernkrieg, wurde die Burg niedergebrannt. Noch heute zeugen die verbliebenen Quader, Türme und Mauern von den beachtlichen technischen Fähigkeiten der mittelalterlichen Baumeister.

Doch nicht nur Burgen und Städte begeistern den Besucher, auch die kleinen Dörfer mit ihren hochragenden Kirchtürmen sind eine Augenweide. Liebliche Nebentäler, grüne Wälder und über 100 Meter hohe Bergketten machen die Aussage verständlich, dass der Main hier am schönsten ist.

Romantik pur in Wertheim

Nach einer Fahrt von gut drei Stunden ist Wertheim erreicht. Rudolf Vierengel hat in seinem Buch *Der Main* die Stadt vor 50 Jahren so geschildert: »Immer begeistert dies liebliche Städtchen und zwingt uns zum Verweilen. Und ob du am Tag auf den Höhen wanderst, ob du am Mittag der erlesenen Gastlichkeit der Wertheimer Wirte dich erfreust, ob du am Abend an kunstreicher Weinstube den edlen Kallmuth kostest oder ob du im Dunkel von der Burg niedersteigst und die wundervolle Harmonie der Silhouetten gotischen Maßwerks und zierlicher Filialen, geknickter Mansardendächer, des spitzen Kirchturms und des rundbehelmten Turms am Marktplatz empfindest – Wertheim wird immer reicher, je länger du es kennst«. Und an dieser Einschätzung hat sich bis heute nichts geändert.

Von der Anlegestelle in die Altstadt sind es nur ein paar Meter. Am besten folgen wir einfach dem Strom der Besucher und gehen vom Marktplatz über den Engelsplatz zum Kirchplatz, um anschließend den kurzen Aufstieg zur Burg zu unternehmen. Von der Burgmauer geht der Blick über die Dä-

Die Schiffsanlegestelle in Miltenberg, dahinter die St.-Jakobus-Kirche und die Mildenburg

cher und Türme der Stadt, über Main und Kreuzwertheim bis weit in den Spessart hinein.

In dieser Stadt, so verspricht der vom Tourismusbüro herausgegebene Erlebnisführer, kann man »an einem Tag 1000 Jahre erleben«, und da ist etwas Wahres dran. Angesichts der mächtigen Mauern und Türme der einst gewaltigen Burg, in der feierlichen Pfarrkirche mit den imposanten Gräbern der Wertheimer Grafen, in den zwei reich bestückten Stadtmuseen und entlang den herrlichen Renaissance- und Barockhäusern begegnet man hier der Vergangenheit auf Schritt und Tritt.

Wer wollte leugnen, dass sich trotz so viel städtebaulicher Schönheit und kultureller Genüsse irgendwann die Frage des leiblichen Wohlbefindens stellt. Natürlich gibt es in Wertheim eine Vielzahl gemütlicher und gediegener Wirtshäuser, die Speis und Trank vom Feinsten anbieten. Wer mit dem Schiff zurückfahren will, muss sich freilich sputen. Die Radler haben mehr Zeit und sollten das Einkehren auf keinen Fall versäumen.

Retour auf dem Mainradweg

Die Rückfahrt per Rad bringt neue Eindrücke. Es geht fast immer am Main entlang, zunächst auf der linken, von Hasloch bis Freudenberg auf der rechten und dann wieder auf der linken Uferseite, immer auf dem gut ausgeschilderten Mainradweg.

Auf halber Strecke, in Dorfprozelten, wartet ein Biergarten auf durstige Radler. In gut zwei Stunden ist Miltenberg wieder erreicht. Wer jetzt auch noch diese Mainperle näher kennen lernen möchte, orientiert sich an den Informationen zur Tour 27.

Weinempfehlung

Homburg am Main liegt nur wenige Kilometer nördlich von Wertheim, und der hier erzeugte Kallmuth-Wein gilt unter Kennern als etwas Besonderes. Entsprechend empfehle ich den Homburger Kallmuth Riesling, einen kräftigen Kabinettwein. Er wird ausgeschenkt im *Hotel Schwan* direkt an der Wertheimer Schiffsanlegestelle und ist dort jederzeit zu kaufen.

Thilo Castner

Informationen:

Tourismus Wertheim GmbH, Gerbergasse 16, 97877 Wertheim, Tel. 0 93 42/93 50 90, www.tourismus-wertheim.de

Reederei Henneberger, Mainanlage, 63897 Miltenberg, Tel. 0 93 71/33 30, www.reederei-henneberger.com, Mai–Okt Di, Do, Sa Abfahrt 9.30 in Miltenberg, Ankunft 12.45 in Wertheim. Kartenverkauf ab 9.00 an der Anlegestelle in Miltenberg.

Einkehrtipp:

Hotel-Restaurant Schwan, Mainplatz 8, 97877 Wertheim, Tel. 0 93 42/9 23 30, www.hotel-schwan-wertheim.de, tägl. 11.30–22.30.

Karte:

Fritsch Wanderkarte 1:50 000, Nr. 99 Naturpark Spessart, Blatt Süd.

Roter Wein und schwarzer Ton

29

Tour: Eine leichte Radtour von Miltenberg nach Klingenberg und zurück, beiderseits am Main entlang.
Länge: Ca. 26 km.
Dauer: Ohne Besichtigungen rund 2 1/2 Stunden.
Markierungen: Ab Großheubach grünes Fahrrad auf weißem Grund durchgängig bis zum Tourenende.
Familie: Für Kinder ab 10 Jahren gut möglich.
Saison: Ganzjährig möglich. Ideal Apr–Okt.
Anfahrt: *Kfz:* A3 Würzburg–Aschaffenburg, Ausfahrt Wertheim, von dort bis Miltenberg. Über die Stadtbrücke rechts zum Bahnhof und dort parken. *ÖPNV:* Bahnhof Miltenberg.

Idyllische Flusslandschaft

Unsere Fahrt beginnt am Bahnhof von Miltenberg bzw. in dessen Nähe auf den Parkplätzen diverser Supermärkte, die von Ausflüglern benutzt werden können. Auch wenn die Stadt Miltenberg selbst sehr viel bietet (siehe Tour 27), wollen wir uns hier gar nicht lange aufhalten, sondern schnellstmöglich mit den Fahrrädern an die Ufer des Mains gelangen. Vom Bahnhof aus fahren wir die Brückenstraße nach links in Richtung Stadtmitte, biegen genau vor der imposanten Brücke nach links ab und halten auf einen Campingplatz zu. Nach wenigen hundert Metern folgen wir dem Parkplatzschild nach rechts und befinden uns gleich darauf neben dem Main. Nun beginnt, zunächst quer über den Campingplatz, eine traumhaft schöne Fahrt flussabwärts direkt am Wasser: Auf der gegenüberliegenden Uferseite begleitet uns lange das Panorama von Miltenberg, auf der eigenen passiert man zunächst aparte Bürgerhäuser und Sportanlagen, ehe der Weg in scheinbar nahezu unberührte Natur führt. Ein Großteil der Strecke ist nicht asphaltiert und ziemlich schmal, dafür aber auch verwunschen und still, gesäumt von Brombeerhecken, Sträuchern, Wildblumen und Schatten spendenden Bäumen.

Nach etwa drei Kilometern müssen wir an einem Hochspannwerk unseren märchenhaften Weg verlassen und orientieren uns fortan an weißen Hinweisschildern mit einem grünen Fahrrad darauf. Bald können wir das Franziskanerkloster Engelberg sehen, das oberhalb des staatlich anerkannten Erholungs- und Weinortes Großheubach inmitten von terrassenartigen Weinbergen thront. Ebenso wie das Kloster lohnt auch das 5 000-Seelen-Städtchen einen Besuch, wobei besonders die Pfarrkirche St. Peter und das Alte Rathaus hervorzuheben sind. Die weitere Strecke in unser anvisiertes Rotweinparadies führt am Fluss entlang auf gut ausgebauten, asphaltierten Wegen mit Blick auf Weinberge und Getreidefelder sowie Streuobst- und Blumenwiesen. Auf zahlreichen Bänken lässt sich gut rasten und die Aussicht genießen.

Rotweinstadt Klingenberg

Nach insgesamt etwa anderthalb Stunden Radeln erreichen wir schließlich unser Ziel, die Stadt Klingenberg, deren Bedeutung in folgendem Sprüchlein zusammengefasst wird: *Klingenberger roten Wein / Klingenberger schwarzen Ton / Kennt der ganze Globus schon.* Aber anders als vielleicht vermutet, waren es nicht die roten Trauben, sondern wertvolle Tonvorkommen, die dem Städtchen zwischen Spessart und Odenwald bis heute großen Wohlstand brachten.

Wir folgen kurz vor der Mainbrücke dem Wegweiser nach rechts in die Stadtmitte, parken unsere Räder unter den 800 Jahre alten Gerichtslinden und begeben uns die Lindenstraße hinauf zur Besichtigungstour durch die malerische Altstadt: Neben zahlreichen schmucken Fachwerkhäusern, romantischen Gässchen und dem Stadtschloss aus dem 16. Jahrhundert empfiehlt sich vor allem ein Besuch im Weinbau- und Heimatmuseum und – für Kinder und Junggebliebene – im Teddymuseum. Ein Muss ist auf jeden Fall der gut beschilderte, steile Treppenaufstieg zur Burgruine Clingenburg, nicht nur der schönen Aussicht wegen, sondern auch, weil hier die Geschichte des Klingenberger Weins begründet liegt.

Ab dem 12. Jahrhundert wurden die Steilhänge oberhalb der heutigen Stadtanlage mit Weinbergen bebaut. Ein besonderes Verdienst kam dabei Conradus Colbo zu, dem Erbauer der bis 1177 errichteten Clingenburg, da er als Mundschenk des Stauferkaisers Friedrich I. Barbarossa den Ruhm des Klingenberger Roten zu begründen wusste. Dieses Ansehen sollte sich in der weiteren bewegten Geschichte der Stadt, die bald unterhalb der sicheren Burg entstand, kontinuierlich mehren, sodass es seitdem viele berühmte Liebhaber der edlen Tropfen gibt, etwa die königlichen Häupter Gustav Adolfs von Schweden und Ludwigs I. von Bayern.

Der Rotwein dominiert auch heute noch den Weinanbau in der Stadt: Von den insgesamt 30 Hektar Rebfläche werden 23 Hektar mit Rotwein bebaut, vor allem mit Spätburgunder und Portugieser. Aber auch klassische Sorten und Neuheiten wie Schwarzriesling, Dornfelder, Domina und weiße Sorten wie Bacchus und Rieslaner gedeihen hier prächtig. Ihre besondere Güte verdanken die hiesigen Weine dem Zusammenwirken von warmen Sandböden, dem milden Klima des Maintals und den typischen und in Deutschland und Europa nahezu einzigartigen Buntsandstein-Terrassen, die seit 1987 unter Denkmalschutz stehen. Über insgesamt 250 Kilometer ziehen sie sich mit einer Höhe bis zu acht Metern über den Klingenberger Schlossberg und machen diesen zu einer der berühmtesten, aber auch sehr aufwendig zu bearbeitenden Weinlagen in Deutschland.

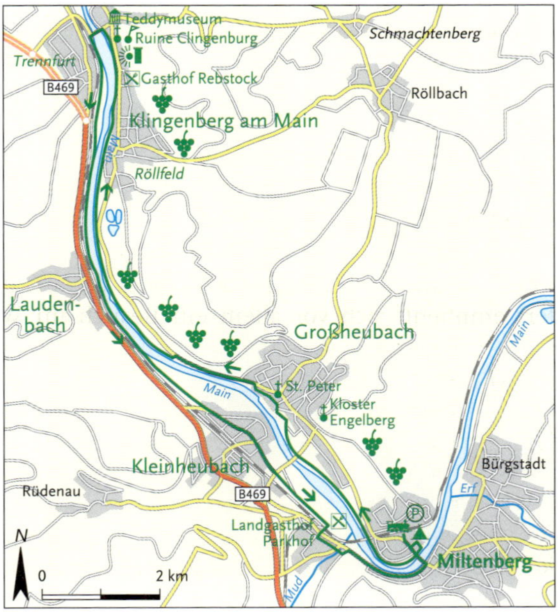

Zahlreiche Festlichkeiten zu Ehren des Weins ziehen sich hier durch das Jahr, etwa auf der Clingenburg selbst, in der Altstadt oder auf dem traditionellen Winzerfest, einem der ältesten seiner Art in Deutschland. Neu dazugekommen ist seit 2003 die Aktion »Weinberg in Flammen«, in deren Verlauf der Schlossberg im Mai durch tausende von Lichtern in ein Flammenmeer getaucht wird. Insgesamt nimmt es also nicht wunder, wenn Friedrich Rückert selig reimte:

Und nicht vergessen sei vom Main
Der Klingenberger Rote,
Dran möchte man, o süße Pein,
Sich trinken grad zu Tode.

Auch wenn wir dem guten Dichter hierin nicht folgen mögen, verkosten wollen wir den Wein sehr wohl. Empfehlenswert ist ein Besuch im *Gasthof Rebstock*, einem Familienbetrieb, der nur wenige Schritte von den Treppen entfernt liegt, die zur Clingenburg hinaufführen. Bei schönem Wetter kann man dort in einem gemütlichen, von 23 unterschiedlichen Rebstöcken umrankten Garten gutbürgerlich speisen, zum Nachtisch von den Trauben naschen oder sie in Form hausgemachter Marmeladen und Gelees mitnehmen.

Klingenberg am Main

Rast auf einem Biohof

Beseelt von der schönen Ortschaft und dem guten Wein, nehmen wir Abschied von der Stadt, indem wir die Mainbrücke überqueren und flussaufwärts die Heimfahrt antreten. Der Orientierung dienen wieder die weißen Schilder mit grünem Fahrrad, die uns in ca. einer Stunde auf gut ausgebauten Wegen auch diesmal an Streuobstwiesen, Getreidefeldern, Camping- und Sportplätzen entlang nach Wertheim leiten. Für eine letzte Rast in schönster Umgebung sei abschließend noch der *Naturland-Betrieb Parkhof* empfohlen, der kurz vor Miltenberg direkt am Weg liegt. Hier gibt es im herrlichen Biergarten neben einer Schmetterlingswiese und einem Kräutergarten die Erzeugnisse aus Klingenbergs einzigem *Ökoweingut*, das die Familie Stritzinger seit 1992 erfolgreich führt.

Der Rest des Weges ist schnell geschildert: Wir fahren nach Miltenberg hinein, überqueren die weithin sichtbare Mainbrücke linker Hand und fahren dann die bereits bekannte Brückenstraße immer geradeaus, bis wir wieder auf den Bahnhof und den Parkplatz stoßen.

Weinempfehlung

Besonders empfehlenswert ist der trockene, kirschrote Portugieser Klingenberger Schlossberg, der eine angenehme Tiefe besitzt. Erwerben kann man diesen edlen Tropfen einen Steinwurf entfernt vom *Gasthof Rebstock* im *Weingut Wolfgang Kühn*, das seit 1950 ausschließlich auf dem Klingenberger Schlossberg umweltschonenden Weinbau betreibt.

Jan Castner

Informationen:

Tourist-Information Großheubach, Kirchstr. 5, 63920 Großheubach, Tel. 0 93 71/6 50 04 70, www.info-grossheubach.de

Tourist-Information Klingenberg am Main, Hauptstr. 26a, 63911 Klingenberg a. M., Tel. 0 93 72/92 12 59, www.klingenberg-main.de

Weingut Wolfgang Kühn, Ludwigstr. 29, 63911 Klingenberg a. M., Tel. 0 93 72/31 69, www.weingut-wolfgang-kuehn.de

Bio-Weinbau Stritzinger, Bergwerkstr. 19, 63911 Klingenberg a. M., Tel. 0 93 72/92 29 54, www.weinbau-stritzinger.de, Weinverkauf Mo–Sa 8.00–12.00 und 14.00–18.00.

Einkehrtipps:

Gasthof Rebstock, Bergwerkstr. 4–6, 63911 Klingenberg a. M., Tel. 0 93 72/26 85 oder 0 93 72/2 03 63, www.rebstock-klingenberg.de, Mo–Di und Do–Sa ab 16.00, So und Fei ab 10.00. Während der Festspielzeit Jun–Aug Mo–Do 16.00–2.00, Fr–Sa ab 12.00, So und Fei ab 10.00.

Landgaststätte Parkhof, Altstadtweg 8, 63897 Miltenberg, Tel. 0 93 71/95 95 84, www.parkhof-altstadt-markt.de, tägl. 11.00–22.00.

Karte:

Fritsch Wanderkarte 1:50 000, Nr. 99 Naturpark Spessart, Blatt Süd.

Ins »bayerische Nizza« 30

Tour: Stadtrundgang in Aschaffenburg.
Länge: Etwa 9 km.
Dauer: Ohne Pausen 3–4 Std.
Familie: Für jede Altersstufe geeignet.
Saison: Das ganze Jahr über möglich. Wirklich lohnend aber nur Apr–Sep, wenn Museen und Schlösser geöffnet sind.
Anfahrt: *Kfz:* Auf der A3 bis Ausfahrt Aschaffenburg Ost, dann in das Stadtzentrum. Parken am Bahnhof oder in der Innenstadt. *ÖPNV:* Mit dem Zug zum Aschaffenburger Hauptbahnhof.

»Aschaffenburg ist reich«

So lautet jedenfalls das Urteil berühmter Kunstliebhaber und Historiker, denn in Schloss Johannisburg befindet sich nach München die bedeutendste bayerische Staatsgemäldesammlung. Reich an Kunstschätzen ist auch die Stiftsbasilika St. Peter und Alexander sowie das Stiftsmuseum im Kapitelhaus. Zudem ist Aschaffenburg herrlich gelegen und durchzogen von schönen Gärten und Parkanlagen. Die Untermainstadt bietet eine hohe Lebensqualität – das zeigte sich auch anlässlich einer bundesweiten »Stern«-Umfrage im Jahr 2003: Aschaffenburg landete auf dem hervorragenden 3. Platz.

Wunderbares Pompejanum

Wir starten unseren Stadtrundgang am Hauptbahnhof. Von hier gehen wir die Ludwigstraße nach rechts, biegen dann in die Kolpingstraße nach links und kurz darauf in die Hanauer Straße nach rechts ein. Anschließend laufen wir auf der Pompejanumstraße, die wiederum links abzweigt, bis zum Mainufer vor, und schon stehen wir vor dem ersten Höhepunkt des Tages, dem Pompejanum.

Mitte des 19. Jahrhunderts hatte Ludwig I. seinen Hofarchitekten Friedrich von Gärtner beauftragt, hier ein römisches Wohnhaus im Stil der in Pompeji untergegangenen Villa »Castor und Pollux« zu bauen. Der bayerische König wollte keine neue Residenz, sondern ein Anschauungsobjekt entstehen lassen, um kunstbeflissenen Bürgern die Schönheiten der antiken Welt näher zu bringen.

Der Plan gelang, und noch heute, 160 Jahre später, hat das Pompejanum nichts von seiner Faszination verloren. Die schweren Beschädigungen aus den Bombennächten des Zweiten Weltkriegs sind komplett beseitigt. Das lichtdurchflutete Atrium und das Viridarium, der begrünte Hausgarten, ebenso Küche, Speise- und Gästezimmer mit kunstvollen Wanddekorationen, Mosaikfußböden und Skulpturen vermitteln eindrucksvoll, auf welch hohem Niveau die wohlhabenden Römer lebten und wie sinnenfroh und genussfreudig sie waren. Deshalb unbedingt eine Besichtigung mitmachen und alles in Ruhe anschauen.

»Weinstadt« Aschaffenburg?

Unterhalb des Pompejanums, am steil abfallenden Mainufer, liegt ein kleiner Weinberg, der einzige und letzte in Aschaffenburg. Das ganze Stadtgebiet war einst von Rebgärten durchzogen, die Winzer bildeten lange die mächtigste Zunft der Stadt. Im Keller des Johannisburger Schlosses konnten über eine Million Liter Wein gelagert werden.

Diese Zeiten sind längst vorbei. Statt des Rebensaftes trinkt man jetzt gern Apfelwein. Immerhin bringt es der Pompejaner Weinhang aber jährlich noch auf rund 1600 Flaschen der Rebsorte Riesling, die ausschließlich in den Weinstuben des Schlosses ausgeschenkt werden.

Einer der bedeutendsten Renaissancebauten in Deutschland

Vom Pompejanum ist es nur ein Katzensprung zum Schloss Johannisburg. Der Weg führt durch den anmutigen Schlosspark mit zahlreichen wertvollen Gehölzen und Blumenrabatten. Den Besuch des Schlosses heben wir uns für später auf und gehen jetzt auf einem Fußweg zwischen Altstadt und Main bis zur Willigisbrücke, die wir überqueren. Überwältigend ist der Blick von hier auf Main, Pompejanum und Schloss. Am Ende der Brücke spazieren wir auf dem Fuß- und Radweg weiter, begeben uns dann links durch die Straßenunterführung und biegen anschließend in die Kleine Schönbuschallee ein. Unser Ziel sind jetzt Schloss und Park Schönbusch.

Einer der schönsten Landschaftsgärten in Deutschland

Die Allee, nur für Fußgänger und Radler zugänglich, führt schnurgerade zum Park. Die gut zwei Kilometer sind nach ca. 30 Minuten geschafft, und uns erwartet einer der ersten und zugleich schönsten deutschen Landschaftsgärten. Das 1775 erbaute Schloss Schönbusch wurde zur zweiten Residenz des damaligen Mainzer Erzbischofs und kann besichtigt werden. Der den Bau umschließende Park entstand unter Mitgestaltung des berühmten Hofgärtners Friedrich Ludwig Sckell, Schöpfer des Englischen Gartens in München.

Man kann in der Schönbuscher Anlage stundenlang spazieren gehen. Dem Besucher bieten sich reizvolle Ausblicke auf künstlich angelegte Seen und aufgeschüttete Hügel, auf die Rote Brücke, das Philosophenhaus, den Freundschaftstempel, einen Irrgarten, auf Hirtenhäuser und Wirtschaftsgebäude. Die Einkehrmöglichkeit im *Restaurant-Bistro Schönbusch* sollte man nach dem ausgiebigen Rundgang nutzen.

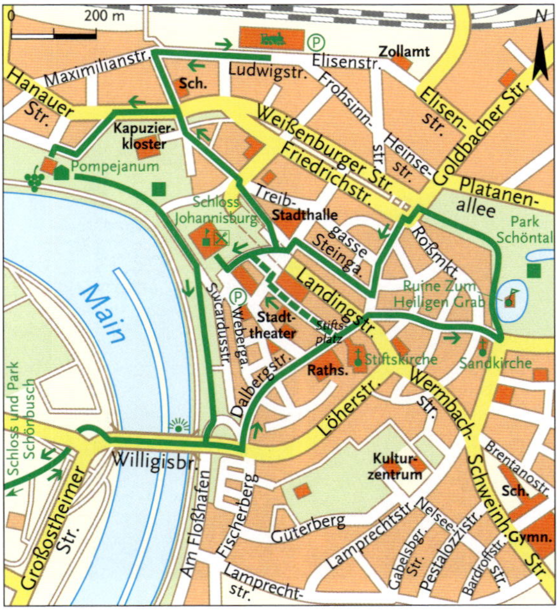

Sehenswerte Basilika

Wir begeben uns zurück in die Innenstadt, entweder zu Fuß oder mit der Buslinie 4 (Haltestelle in der Darmstädter Straße hinter der Roten Brücke). Nach Überquerung der Willigisbrücke gehen wir links hoch auf der Dalbergstraße zur Stiftskirche am Stiftsplatz und besichtigen die spätromanisch-frühgotische Basilika St. Peter und Alexander aus dem 12. Jahrhundert. Besonders sehenswert ist der Kreuzgang sowie das Gemälde »Die Beweinung Christi« von Matthias Grünewald.

Von Schöntal in die Altstadt

Wer schon müde ist und den Rundgang abkürzen möchte, erreicht vom Stiftsplatz über die Pfaffengasse Schloss Johannisburg in ein paar Minuten. Die anderen gehen die Dalbergstraße bis zur Wermbachstraße vor und dann auf der Sandstraße, einer Geschäftsstraße mit vielen Läden, zur Sandkirche und zum Park Schöntal. Diese Anlage mit See, altem Baumbestand und der Ruine »Zum Heiligen Grab« ist ebenfalls ein kleines Naturparadies. Wir umrunden den Park und begeben uns dann von seiner Westspitze auf der Herstallstraße zurück ins Stadtzentrum. Am Ende der Herstallstraße biegen wir rechts in die Steinstraße ein, die direkt zum Schlossplatz führt.

Der Weinberg unterhalb des Pompejanums

Wenn noch Zeit ist, kann man die Gemäldesammlung im Schloss Johannisburg mit Werken u. a. von Hans Baldung, Lucas Cranach, Raffael, Rubens und Rembrandt besuchen. Auch lohnt sich ein Gang durch die fürstbischöflichen Wohnräume mit original klassizistischem Mobiliar. Besonders interessant dürfte die weltweit größte Korksammlung sein – Hofkonditor Carl May und sein Sohn haben die bekanntesten Bauwerke Roms, wie z. B. das Pantheon oder das Kolosseum, naturgetreu nachgebildet.

Das mächtige, aus rötlichem Buntsandstein errichtete Schloss mit den vier quadratischen Ecktürmen verdient natürlich ebenfalls unsere volle Aufmerksamkeit.

Wer zum Abschluss noch etwas Besonderes erleben möchte, kehrt in die *Schlossweinstuben* in der Johannisburg ein. Das Restaurant erhielt bereits zweimal das Frankenweinschild in Gold und wurde mehrfach bei dem Wettbewerb »Bayerische Küche« ausgezeichnet. Gekocht wird in erster Linie fränkisch, teilweise nach Rezepten, die der kurmainzische Hofkoch 1581 in Aschaffenburg niedergeschrieben hat.

Der Rückweg zum Bahnhof führt vom Schlossplatz über die Sticker- und Karlstraße und dann weiter über die Kolpingstraße. Der Ausgangspunkt unseres Ausflugs ist in knapp zehn Minuten erreicht.

Weinempfehlung

Empfehlenswert ist der Aschaffenburger Pompejaner, ein feiner, würziger und harmonischer Kabinettwein aus der Rieslingtraube, angebaut auf Aschaffenburgs letztem Weinberg und nur erhältlich in den *Schlossweinstuben*. Nach Vereinbarung werden in den stilvollen Räumen des Lokals auch Weinproben, höfische Weingelage und das »Kurfürstliche Mainzische Mahl« abgehalten.

Thilo Castner

Informationen:
Tourist-Information Aschaffenburg, Schlossplatz 1, 63739 Aschaffenburg, Tel. 0 60 21/39 58 00, www.info-aschaffenburg.de

Schloss- und Gartenverwaltung Aschaffenburg, Schlossplatz 4, 63739 Aschaffenburg, Tel. 0 60 21/38 65 70, www.schloesser.bayern.de

Schloss Johannisburg mit Schlossgarten, Schlossplatz 4, 63739 Aschaffenburg, Schloss Apr–Sep Di–So 9.00–18.00, Okt–März 10.00–16.00, Garten tägl. bis Einbruch der Dunkelheit.

Pompejanum, Pompejanumstr. 5, 63739 Aschaffenburg, Apr–Mitte Okt Di–So 9.00–18.00.

Schloss und Park Schönbusch, Kleine Schönbuschallee 1, 63741 Aschaffenburg, Schloss Apr–Sep Di–So 9.00–18.00, nur im Rahmen einer Führung zu besichtigen, Führung zu jeder vollen Std. bis 17.00, Ausstellung im Besucherzentrum Apr–Sep Sa–So und Fei 11.00–18.00. Park ganzjährig.

Garten- und Sonderführungen in den beiden Schlössern und im Pompejanum über Tourist-Information Aschaffenburg oder das Führungsnetz Aschaffenburg, Tel. 0 60 21/3 86 88 66, www.fuehrungsnetz-aschaffenburg.de

Einkehrtipps:

Schlossweinstuben, Schloss Johannisburg, Tel. 0 60 21/1 24 40, www.schlossweinstuben.de, Di–Fr 11.00–24.00, Sa–So und Fei 10.00–24.00.

Restaurant-Bistro Schönbusch, Kleine Schönbuschallee 1, 63741 Aschaffenburg, Tel. 0 60 21/44 85 60, www.schoenbusch-ab.de, tägl. 9.00–24.00. Bei schönem Wetter mit Terrasse und Biergarten.

Extras:

Mitte Jun findet das Aschaffenburger Volksfest statt, das größte seiner Art am bayerischen Untermain. www.aschaffenburg-volksfest.de

Am letzten Aug-Wochenende großes Aschaffenburger Stadtfest in der Innenstadt mit buntem Programm und kulinarischen Spezialitäten. www.stadtfest-aschaffenburg.de

Karte:

Stadtplan 1:15 000 der Stadt Aschaffenburg, erhältlich in der Aschaffenburger Tourist-Information.

Kleines Abc der empfohlenen Frankenweine

Die fränkischen Weißweine

Silvaner

Die Traube wurde Mitte des 17. Jahrhunderts in Franken heimisch und war bis in die 50er-Jahre des 20. Jahrhunderts die am häufigsten anzutreffende Rebsorte im Frankenland. Diesen Rang hat jedoch inzwischen der Müller-Thurgau eingenommen. Der Name »Sylvaner« wird mit einiger Sicherheit auf Transsilvanien (Siebenbürgen) zurückgeführt. Die Traube selbst, wie man heute dank moderner genetischer Analyseverfahren weiß, ist eine Kreuzung von Traminer und Österreichisch Weiß. Silvanerwein wird überwiegend als mild, harmonisch, fruchtig, körperreich und breit beschrieben, hat einen feinen Duft und eine angenehme Säure. Neben dem Riesling gilt der Silvaner als die edelste Sorte, was ihm die Bezeichnung »Frankenriesling« eingebracht hat. Er passt zu vielen Speisen und hat eine mittlere bis späte Reifeperiode.

Riesling

Er gilt als der »König der Weißweine«, kann jedoch in Franken nur in den besten und sonnigsten Lagen angebaut werden, da die Trauben relativ spät reifen und sehr hohe Ansprüche an die Bodenverhältnisse stellen. Dort jedoch, wo er im Frankenland günstige Bedingungen vorfindet, kommen seine Spezifika – eine belebende Fruchtsäure, ein hoher Extraktgehalt und eine duftige Blume – voll zur Entfaltung. Der Riesling erreicht eine hohe Lagerfähigkeit und schmeckt besonders zu herzhaften Vorspeisen, Fisch- und Schalengerichten sowie zu hellem Fleisch und delikaten Soßen.

Müller-Thurgau

Die 1882 von dem schweizerischen Pflanzenphysiologen Hermann Müller aus Thurgau geschaffene Züchtung ist nach neuesten Erkenntnissen der Forschung eine Kreuzung aus Silvaner und Gutedel und die in Franken am häufigsten anzutreffende Rebsorte (über 40 % der Anbaufläche). Er stellt relativ geringe Ansprüche an Klima und Boden, reift früh und bringt umfangreiche Erträge. Er gilt wegen des geringen Säuregehalts als bekömmlicher und süffiger Zechwein und ist ein idealer Begleiter leichter und zart aromatischer Speisen.

Bacchus

Eine ertragreiche Neuzüchtung aus Silvaner, Riesling und Müller-Thurgau, ist aber nur von durchschnittlicher Qualität. Er ist ein würziger und bekömmlicher Wein, fruchtig und gehaltvoll, wenn er spät geerntet wird, und ist zu aromatischen Speisen zu empfehlen. Der Bacchus wird vorwiegend halbtrocken angeboten und zählt zu den beliebten, duftigen Trinkweinen. Er passt sehr gut zu Desserts und Mehlspeisen.

Scheurebe

Eine von dem deutschen Züchter G. Scheu 1916 gezüchtete robuste Kreuzung aus Silvaner und Riesling. Die Rebe verlangt eine gute Lage und reift erst in den letzten sonnigen Herbsttagen. Infolgedessen hat die Scheurebe ein belebendes und würziges Bukett. Sie schmeckt vorzüglich zu pikanten Speisen, zu kräftigen Fleisch- und herzhaften Fischgerichten. Auch als Aperitif und zum Dessert geeignet.

Kerner

Eine seit 1969 geschützte neue Rebsorte, gezüchtet aus blauem Trollinger und weißem Riesling. Beansprucht in Franken die klassischen Silvaner-Standorte, also Muschelkalkböden. Der Kerner ist dem Riesling ähnlich, würziger zwar, besitzt dafür aber weniger Rasse. Er passt besonders gut zu Kalbs-, Schweine- und Lammgerichten sowie zu schmackhaften Käsesorten.

Rieslaner

Eine neuzeitliche Kreuzung aus Silvaner und Riesling, 1921 von Dr. August Ziegler an der »Bayerischen Hauptstelle für Rebenzüchtung« in Würzburg geschaffen. Kommt spät zur Reife und hat viel Fruchtsäure und ein harmonisches Bukett, gilt jedoch als ertragsunsicher. Er entfaltet seine volle Größe nur in Spitzenlagen. Besonders hoch zu schätzen sind Rieslaner Spät- und Auslesen.

Weißburgunder

Ein echter Vertreter des »Weinadels«. Ist mengenmäßig unsicher. Benötigt warme, windgeschützte bis sehr gute Lagen und ist hierin dem Silvaner ähnlich. Spritzige Weißburgunder sind zu leichten Gerichten wie z. B. Spargel zu empfehlen, kräftige zu Fisch- und Nudelgerichten.

Traminer

Als eine der ältesten und besten Sorten wurde die Rebe vermutlich bereits von den Römern angebaut. In Franken spielt der Traminer allerdings nach wie vor nur eine untergeordnete Rolle, wahrscheinlich deshalb, weil die spät reifende und sehr zuckerreiche Rebe hohe Ansprüche an Lage und Boden stellt und im Ertrag sehr unsicher ist. Andererseits sind Traminerweine von hoher Qualität. Das Bukett erinnert an Wildrose und Vanille. Schmeckt vorzüglich zu jedem Menü und besonders auch zu Desserts.

Ortega

Eine Neuzüchtung aus Müller-Thurgau und Siegerrebe (Madeleine Angevine x Gewürztraminer) der Bayerischen Landesanstalt für Wein-, Obst- und Gartenbau aus dem Jahr 1948. Die ertragreiche Traube wird in Franken nur sehr selten angebaut und stellt an Böden und Lagen keine hohen Ansprüche. Die Reben sind früh reif. Der Wein hat ein feines Bukett und eine harmonische Fülle und ist gut lagerfähig.

Die fränkischen Rotweine

Blauer Spätburgunder

Gilt als Riesling der Rotweine und ist der bedeutendste und beste der roten Weine, nicht nur in Franken. Liebt Buntsandsteinböden und eine lange Reifezeit. Wie die meisten Rotweine ist der Spätburgunder gut lagerungsfähig. Zu empfehlen zu Wildgerichten, Kurzgebratenem und aromatischen Käsesorten.

Blauburgunder

Diese Rebsorte, eine Kreuzung aus Blauem Portugieser und Blauem Limburger, wurde 1923 von Prof. Zweigelt an der Versuchsanstalt Klosterneuburg entwickelt, ist aber erst seit 2000 in Bayern für den Anbau zugelassen. Der kräftige, extraktreiche Wein schmeckt vorzüglich zu Wild- und Rinderbraten, zu Schinken, Salami und Pizza.

Portugieser

Die Traube wurde in Österreich bereits im 18. Jahrhundert planmäßig angepflanzt. Der Portugieser ist ein eher leichter Rotwein und ähnelt, was die Wirtschaftlichkeit betrifft, dem Müller-Thurgau unter den Weißweinen. Gedeiht am besten auf Buntsandsteinböden. Der milde Schoppenwein passt hervorragend zu leichtem Braten sowie zu Lamm- und Wildgerichten.

Domina

Eine erfolgreiche Neuzüchtung aus Portugieser und Blauem Spätburgunder aus dem Jahr 1927. Wird vorwiegend in Franken angebaut und ist ein farbintensiver und säurehaltiger Wein, der hervorragend zu Wild, Rinderbraten und dunklen Soßen schmeckt.

Schwarzriesling

Als Ursorte der Burgunderfamilie hat er nichts mit dem echten Riesling zu tun und wird in Deutschland offiziell auch als »Müllerrebe« geführt. Ist ein süffiger Zechwein, als Spätlese geerntet, jedoch von ansprechendem Niveau. Schmeckt besonders gut zu Braten, Wild und würzigen Käsesorten.

Dornfelder

Eine 1955 gelungene Neuzüchtung aus Helfensteiner (Frühburgunder x Trollinger) und Heroldrebe (Portugieser x Limberger). Der Name geht auf den Weinbaufachmann Imanuel Dornfeld aus Weinsberg zurück. Mit großem Erfolg vor allem in Württemberg angebaut, dagegen nur gelegentlich in Franken. Schmeckt wie die meisten Rotweine vorzüglich zu Wildgerichten mit kräftiger Soße, aber auch zu Schinken und roter Wurst.

Regent

Eine noch junge Rotweinsorte, 1967 aus den Rebsorten Diana (Silvaner x Müller-Thurgau) und Chambourcin in Geilweilerhof (Südpfalz) gezüchtet, aber erst seit einigen Jahren in Franken angebaut. Die Rebe hat eine gute Resistenz gegenüber bestimmten Pilzkrankheiten und treibt mittelfrüh aus. Die Weine sind kräftig, vollmundig und farbintensiv und haben Ähnlichkeit mit südländischen Rotweinsorten. Die Lagerfähigkeit bewegt sich im mittleren Zeitrahmen.

Rotling

Ist eine urspüngliche Form des Roséweins, heute eine Mischung aus Rotwein- und Weißweinmosten (das Vermischen von Rot- und Weißwein ist heute strikt untersagt). Der Rotling wird in Württemberg auch als »Schillerwein« bezeichnet. Er hat ein aromatisches und anregendes Bukett und wird stets gut gekühlt getrunken.

Die Verführer

Jan Castner, geboren 1969, ist Oberstudienrat an einem Bamberger Gymnasium und schreibt normalerweise in seiner Freizeit Schulbücher. Geboren in Nürnberg und aufgewachsen in Mittelfranken, unterrichtet er heute also in Oberfranken die Fächer Deutsch, Geschichte und Sozialkunde, nachdem er vorher lange Jahre in Unterfranken tätig war. Auf diesem und zahlreichen anderen Wegen hat er so seine fränkische Heimat im wahrsten Sinne des Wortes erfahren und kennengelernt.

Dr. Thilo Castner, Jahrgang 1935, war bis 1998 Studiendirektor an der Städtischen Wirtschaftsschule Nürnberg. Er ist freier Mitarbeiter der *Nürnberger Nachrichten* und der Wochenzeitschrift *Das Parlament*. Verschiedene Publikationen zu aktueller Wirtschafts- und Sozialpolitik, Autor des *Großstadt-Verführers*, des *Kleinstadt-Verführers* und u. a. Koautor des *Wirtshaus-Verführers Franken* und der *Ausflugs-Verführer Franken, Fränkische Schweiz* und *Weinfranken 2*.

Nützliche Adressen

Fränkischer Weinbauverband e. V.
Haus des Frankenweins
Hertzstraße 12
97070 Würzburg
Tel. 09 31/39 01 10
www.frankenwein-aktuell.de

Winzergemeinschaft Franken eG
Alte Reichsstraße 70
97307 Kitzingen
Tel. 0 93 21/7 00 50
www.gwf-frankenwein.de

Fränkisches Weinland Tourismus GmbH
Turmgasse 11
97070 Würzburg
Tel. 09 31/37 23 35
www.fraenkisches-weinland.de

Arbeitsgemeinschaft
Mittelfränkische Bocksbeutelstraße
Hauptstraße 1
91443 Scheinfeld
Tel. 0 91 62/1 24 24
www.bocksbeutelstrasse.de

Tourismusverband Franken e. V.
Wilhelminenstraße 6
90461 Nürnberg
Tel. 09 11/94 15 10
www.frankentourismus.de

Register